DO OUTRO LADO DO MURO
inventário de um sobrevivente

Editora Appris Ltda.
1.ª Edição - Copyright© 2025 dos autores
Direitos de Edição Reservados à Editora Appris Ltda.

Nenhuma parte desta obra poderá ser utilizada indevidamente, sem estar de acordo com a Lei n° 9.610/98. Se incorreções forem encontradas, serão de exclusiva responsabilidade de seus organizadores. Foi realizado o Depósito Legal na Fundação Biblioteca Nacional, de acordo com as Leis n⁰ˢ 10.994, de 14/12/2004, e 12.192, de 14/01/2010.

Catalogação na Fonte
Elaborado por: Dayanne Leal Souza
Bibliotecária CRB 9/2162

M357d
2025

Marques, Vitor Alberto da Silva
   Do outro lado do muro: inventário de um sobrevivente / Vitor Alberto da Silva Marques. – 1. ed. – Curitiba: Appris, 2025.
   167 p. ; 21 cm.

ISBN 978-65-250-7886-1

1. Liberdade. 2. Igualdade. 3. Vida. I. Marques, Vitor Alberto da Silva. II. Título.

CDD – 800

Editora e Livraria Appris Ltda.
Av. Manoel Ribas, 2265 – Mercês
Curitiba/PR – CEP: 80810-002
Tel. (41) 3156 - 4731
www.editoraappris.com.br

Printed in Brazil
Impresso no Brasil

VITOR ALBERTO DA SILVA MARQUES

DO OUTRO LADO DO MURO
inventário de um sobrevivente

Curitiba, PR
2025

FICHA TÉCNICA

EDITORIAL	Augusto V. de A. Coelho
	Sara C. de Andrade Coelho
COMITÊ EDITORIAL	Ana El Achkar (Universo/RJ)
	Andréa Barbosa Gouveia (UFPR)
	Jacques de Lima Ferreira (UNOESC)
	Marília Andrade Torales Campos (UFPR)
	Patrícia L. Torres (PUCPR)
	Roberta Ecleide Kelly (NEPE)
	Toni Reis (UP)
CONSULTORES	Luiz Carlos Oliveira
	Maria Tereza R. Pahl
	Marli C. de Andrade
SUPERVISORA EDITORIAL	Renata C. Lopes
PRODUÇÃO EDITORIAL	Adrielli de Almeida
REVISÃO	Simone Ceré
DIAGRAMAÇÃO	Renata Miccelli
CAPA	Juliana Turra
REVISÃO DE PROVA	Colméia Studios

AGRADECIMENTOS

Este momento sempre me desperta grandes emoções. As pessoas que compartilharam comigo as suas experiências são inúmeras, porém, obedecendo a critérios de proximidade e afetividade, devo referir aquelas que mais ricamente conviveram comigo durante toda trajetória de minha vida, por terem participado dela intensamente, e me tocado emocionalmente de um modo profundo:

Aos meus pais, pelo importante legado que me deixaram.

Ao meu filho, Luiz Antônio, como uma das molas propulsoras da minha vida e exemplo de vontade de crescer em busca do protagonismo.

Ao meu querido neto, pelo estímulo que me dá para viver intensamente.

À minha parceira e amiga Cidoca, por seu tempo longevo comigo, suportando minhas rabugices do dia a dia, e sempre me cuidando com todo zelo.

À minha parceira Bárbara, como pessoa indispensável no processo de produção deste livro, tendo, como uma de suas virtudes, além de sua sensibilidade e inteligência, o dom de aguentar meus momentos de humor insuportáveis.

Aos meus companheiros de História, Rafael Dutton e Flávio Antônio, que comigo conviveram de forma enriquecedora, mais de perto.

Às companheiras de IBC, Carla Maria, esta minha prefaciadora, Rafaela Lupetina e Fabiana Rangel, decisivas no incentivo para minha realização profissional.

Aos meus ex-alunos, Cida Leite e Wanderlei Vazelesk, docentes de História, com os quais continuo aprendendo muito.

À querida companheira Cristina Freitas, ex-aluna do IBC, hoje funcionária da UNIRIO, pelo apoio continuado que me presta, como grande amiga que tem sido em todos os momentos de meu cotidiano.

A todos os profissionais com os quais trabalhei, nas áreas federal, estadual e municipal, pelo quanto aprendemos juntos a construir uma escola para a cidadania.

APRESENTAÇÃO

A apresentação de uma obra sempre deve refletir, por seu fio condutor, o que ela pretende ser, com suas pautas, seu conteúdo alinhado aos princípios de liberdade de expressão consequente. É o que defende o autor em sua obra *Do outro lado do muro*, buscando intencionalmente retirar da invisibilidade cada partícula de nosso ser, ainda refém das sufocantes amarras dos preconceitos estruturais.

São inseridos neste livro recortes das suas memórias, assim como textos de sua criação, somados a crônicas significativas do cotidiano, enriquecidos por trechos literários de companheiros a quem, atrevidamente, foi solicitada contribuição.

Esta é uma obra aberta, com páginas mescladas de realidade e fantasia, e marcadas por todas as contradições do gênero humano, no qual o autor se inclui. É hora de tomá-la nas mãos, desfolhá-la com minúcia e espírito crítico, sem reservas, penetrando nos enigmas desse muro antes inexpugnável.

A ordem agora é rompê-lo, e descobrir o que há de tão secreto do seu outro lado.

PREFÁCIO

Como sobreviver quando somos atingidos por uma enxurrada de ideias, todas necessitando de nossa atenção, importantes para nossa reflexão? A primeira necessidade que sentimos ao ler o texto de Vitor Alberto é a de nos colocarmos do outro lado do muro com ele.

Este formato de narrativa, no entanto, encaixa-se perfeitamente com a obra, pois a vida é assim: um caudal de situações, todas acontecendo ao mesmo tempo, e sobreviver é conseguir administrá-las simultaneamente. Como seres gregários que somos, nossas histórias já repletas de situações concomitantes, vão misturando-se às histórias de outras pessoas, afinal, como diz Gonzaguinha: "toda pessoa sempre é as marcas das lições diárias de outras tantas pessoas".

Neste ritmo agitado da vida moderna e dos pensamentos de todos nós, caminha a narrativa de *Do outro lado do muro*, dando dinamismo ao pensamento, exigindo do leitor atenção máxima durante a leitura, trazendo aspectos da vida de pessoas cegas, de pessoas que deixaram suas terras, de pessoas que tiveram de ser separadas de suas famílias, de pessoas que podem estar ao nosso lado agora e nas quais nunca prestamos atenção.

É preciso mantermo-nos como seres pensantes, sempre trazendo mais dúvidas do que certezas, acreditando que nada é cem por cento bom ou ruim, assumindo que errar é o único caminho para acertar. O trabalho de Vitor aguça em nós reflexões, desanestesiando-nos, tirando-nos do estado de meros espectadores de um mundo um tanto caótico, mas onde a reflexão ainda pode e sempre poderá equilibrar um pouco as coisas.

Talvez precisemos de trabalhos assim para atravessarmos o muro que nos isola uns dos outros, ainda que, fisicamente, estejamos muito próximos. A narrativa que o coloca ora como espectador, ora como personagem, misturando os dois papéis, foi a forma que o autor encontrou para sobreviver e pensar, questionar, investigar, sentir-se instigado e pode ser uma opção de reflexão para compreendermos o que se passa deste e do outro lado do muro que nos cerca.

Carla Maria de Souza

Docente licenciada em Português e Literatura pela Universidade Estadual do Rio de Janeiro (UERJ), com 2 livros publicados Saboreando histórias e Valentes, brilhantes e perfeitos.

SUMÁRIO

CAPÍTULO 1
DO OUTRO LADO DO MURO 17
- QUEBRA DO ENCANTO 17
- INVENTÁRIO DE UM SOBREVIVENTE 19
- A PROFUNDA SOLIDÃO HUMANA DE NOSSOS DIAS 21
- A VIDA COMEÇA TODO DIA 24
- O INTERNATO 27
- CARTA A MEU HERÓI 31
- CARTA-TESTAMENTO 32

CAPÍTULO 2
A LUTA PELO EXISTIR 35
- O TRAJETO - DO DESCONHECIDO AO ESPAÇO A DESCOBRIR 36
- OS MEUS EUS - ESTES DESCONHECIDOS 37
- O DIÁLOGO SECRETO DA MENTE DOMANDO OS DESAFIOS INTERNOS 39

CAPÍTULO 3
O CATECISMO COMO PÁGINA ABERTA 41
- DOUTRINA COMO PRINCÍPIO DE VIDA 41
- OS HOMENS E A CRUZ 42
- UMA VISÃO DIVERSA DE DEUS 44
- CARTILHA ABERTA 47

CAPÍTULO 4
O ESTADO DE INVISIBILIDADE 50
- NASCER EM DUAS FACES 50
- LUZES E SOMBRAS 51
- PERDER O TEMOR 51
- OS DIZERES DO SILÊNCIO 52
- TEATRO ASSÉDIO 54

TEMPOS DE FANTASIA..56
PRESENÇA 57
COMO EU ME DESCUBRO NO ESPAÇO...................................58
TEMORES E FRAGILIDADES 60

CAPÍTULO 5
A TRAVESSIA 62
ATESTADO DE VIDA..62
CAMINHOS DA LIBERDADE 63
LIÇÕES DE VIDA..64
MEDO DE AMAR..66
PENSAR É TRANSGREDIR..66
EU, MÚLTIPLO E ÚNICO 69
QUE EXPERIÊNCIAS VOCÊ TEVE 70
TRIBUTO À VIDA..72

CAPÍTULO 6
VIAGEM PELO ESTIGMA 78
NAVEGANDO POR CAMINHOS TORTUOSOS 78
DIREITO DE COMPRA...79
LUGARES COMUNS E PRECONCEITO 80
PRECONCEITO CENTENÁRIO 81
EXPRESSÕES DEMOLIDORAS 82

CAPÍTULO 7
NARRATIVAS DO COTIDIANO 83
A BARRIGA DO PADRE 83
A RELAÇÃO HOMEM E MULHER 84
DESEJO ARDENTE 85
FELIZ DIA DO POBRE 86
A ARTE DO SILÊNCIO...87
A MULHER DO VIZINHO...88

CAPÍTULO 8
DESAFIO DE NOSSOS TEMPOS...91

HOMEM EM CONSTRUÇÃO 91
ALERTA À HUMANIDADE 93
ATRAVESSANDO GERAÇÕES 94
LOUIS BRAILLE DA UTOPIA À REALIDADE 96
CARTA PARA A MINHA VELHICE 99
PAI, ÍDOLO DO INÍCIO AO FIM 101

CAPÍTULO 9
O TEMPO DE MATURIDADE 105
CAMINHOS E DESCAMINHOS 105
CESSA TUDO 106
DESPEDIDA 106
MULHER MADURA 107
O NOSSO QUERER 108
RECOMEÇAR 108
SAUDADE 109
DIAS VIVIDOS 110
SE EU TIVESSE 112
ETERNO APRENDIZ 113
EM BUSCA DE MINHA IDENTIDADE 115

CAPÍTULO 10
PERDAS E GANHOS 118
A DISSEMINAÇÃO DA CORRUPÇÃO 118
NATAL DOS BEM-NASCIDOS 122
AMIZADES EM FRAGMENTOS 124
ACREDITAR É PRECISO 125

CAPÍTULO 11
VIVER NA DIVERSIDADE 127
A EXPERIÊNCIA DE FAZER JUNTO 127
SENTIDO DOS RECADOS 135
UM HOMEM MINÚSCULO 137
INTELIGÊNCIA ARTIFICIAL OU INTELIGÊNCIA SUPERFICIAL? 138
ESCOLA TRANSFORMADORA 140

A CRISE NA GRÉCIA 144
CONCEITO DE GLOBALIZAÇÃO 145

CAPÍTULO 12
HISTÓRIAS FORA DA CURVA 147
ANTES E DEPOIS DA POSSE 147
APRENDA A NEGOCIAR 148
MEU SILÊNCIO É MELHOR QUE O SEU 149
APOSTILAS E BOLETOS 151
CARTA DE UM MARIDO À ESPOSA DE FÉRIAS 154
CARTILHA PARA ENTENDER AS EXPRESSÕES FEMININAS 157
CONSELHO COMPETENTE DADO A UMA MULHER 158
DIÁLOGO GRAMATICAL 159

CAPÍTULO 13
FIM DO TRAJETO 162
AQUELE APARTAMENTO 162
CAMINHEIROS 162
O PAR DE SAPATOS 163
DESPEDIDA DERRADEIRA 165

CAPÍTULO 1

DO OUTRO LADO DO MURO

QUEBRA DO ENCANTO

O que vem a ser aquilo que está do outro lado do muro? A minha proposta é a de tentar desvendar o que de misterioso e enigmático existe do outro lado do muro. Conheçamos agora a parte que nos levará a devassar os caminhos que nos conduzirão ao espectro de um roteiro livre, permeado, contraditoriamente, de dúvidas e supostas certezas.

Pretende-se aqui, acima de tudo, estabelecer um inventário dos nossos tempos que nos permita atingir a realidade de um mundo diverso, abrangendo as mais diversas visões, que fatalmente se projetam em minha forma de ser, como indivíduo e como ser coletivo. Para tanto, há que possuir um olhar que perceba as intenções viciosas e virtuosas dos algoritmos que pretendem dominar nossas consciências.

Como ponto de partida dessa trajetória, vamos desvendar esse desconhecido, quebrar esse encanto? Para buscar o que há em seu interior, usemos uma boa ferramenta: a palavra, submetida a ideias, nas quais mergulhamos.

O que se pode encontrar do outro lado do muro? Será algo escondido em uma fenda metafísica? Será algo não revelado? Estarei eu invisível?

Estará o mundo vigilante, de tocaia? Que estará por detrás do manto da fantasia?

Desde já, sem medo, pode ser revelada a intenção real: não haverá aqui um diário, tampouco uma autobiografia, pois não há a pretensão de fazer nenhum dos dois.

Quem faz esse tipo de literatura, será frequentemente generoso consigo mesmo, o que nem sempre é bom. Não hesitarei em me expor criticamente. Teremos, sim, relatos de situações vividas, recortes dispersos de memórias, mesclando trajetórias em um mundo diverso, focando em fatos do cotidiano inserido em um contexto de múltiplos papéis a desempenhar, vinculados à minha travessia sinuosa, como indivíduo e como ser coletivo.

Neste espaço, cabe introduzir reflexões, de acordo com a minha leitura e visão de mundo. Ambiciosamente, por este meio busco desconstruir estigmas, varrer preconceitos milenares, discutir, à luz de exemplos concretos, categorias que entendo extremamente relevantes, como democracia, liberdade e seus limites, ética, protagonismo, pertencimento, empoderamento, e outras categorias subjacentes a serem igualmente consideradas. Atravessando o muro, podemos constatar revelações surpreendentes imprevisíveis, por vezes, até bizarras.

Aviso aos navegantes: tendo a ciência como referência, afirmo que o nosso planeta apresenta uma forma esférica, não possui forma plana. O homem já alcançou comprovadamente a lua. A orientação sexual, na ordem de gênero, comporta relação homoafetiva, e não admite cientificamente a chamada "cura gay", ideia rasa, de caráter perverso de entidades e indivíduos de pensamentos tóxicos! Chegando aqui, percorrendo longos anos, varrendo muitos de meus preconceitos, descubro meu desencanto ao perceber que ainda resta completar essa varredura! É o que me cabe agora e sempre. Afinal, somos seres incompletos, com lacunas a preencher de modo permanente. Por enquanto esta obra fica em aberto. Conto com a generosidade e complacência de todos, de todas. E, se quiserem, de todes.

INVENTÁRIO DE UM SOBREVIVENTE

Desde que nasci ao momento em que estou, sinto necessidade de integrar neste espaço relatos de memórias e situações capazes de montar um cenário em uma perspectiva viva, livre de qualquer juízo de valor. Sei que essa meta, em se tratando de um ser humano sujeito a oscilações em face das intervenções do dia a dia, é difícil de alcançar, porém vale a pena o esforço de tentar.

Cabe aqui distinguir alguns conceitos básicos: isenção e neutralidade. Serei eu isento? As minhas vivências do cotidiano o provarão. Se tivermos em conta cada momento vivido.

Terei eu uma postura neutra? Penso que não. Isso pode ser demonstrado na escolha a ser assumida, na minha vida no dia a dia, seja na política, seja na filosofia de vida, seja em um comportamento diante do coletivo.

A neutralidade tem a ver com as escolhas a serem tomadas. A isenção tem a ver com posturas éticas diante dos fatos ocorridos, exige de você solidez de propósitos em busca de princípios éticos inabaláveis, dotados de profundas crenças e ideais.

Ao classificar uma circunstância, um momento, um episódio, todos exigindo imparcialidade, a neutralidade é determinada pelas escolhas ideológicas que fazemos e pela nossa leitura e visão de mundo.

Essa prática requer uma atitude empática diante de tudo o que ocorre em torno de nós, e exponencialmente em nosso planeta. O que quer dizer isso? Nós devemos ter a responsabilidade de sempre buscar um sentido, de tentarmos nos colocar no lugar do outro.

Mais uma vez atravessamos um mar revolto de ideias, em face da diversidade dos grupos sociais em competição e em potencial conflito, sempre se interpenetrando intergrupalmente, tal qual vasos comunicantes. Todo esse arcabouço teórico coloca a nu um registro imenso de memórias a resgatar, projetando uma visão em perspectiva, capaz de perceber uma nova dimensão de violência capturada pelas contemporâneas tecnologias colocadas ao nosso alcance pelas redes sociais, pela inteligência artificial perversa, se não dominada pelo homem, pelas leis indomáveis do mercado.

Eu e outros tantos nos sentimos verdadeiros sobreviventes nessa corrente ditada pela roda-viva dos novos mecanismos, dos milhões de pix fraudulentos, que matam sem que usem baionetas, fuzis, misseis e outros artefatos mais sofisticados, letais. Como sobreviver diante de um íngreme rochedo, e manter o equilíbrio, sem qualquer intercorrência que conduza a um mar bravio e profundo, a ponto de nos sentirmos náufragos, sem rumo?

Este é um cenário em que tudo que nos cerca tende a ser impiedosamente naturalizado, a ser considerado normal, mesmo vivenciando continuamente um cruel e irremediável descarte, conduzindo a uma implacável precarização do trabalho humano, como ser individual, como ser coletivo grupal, como ser social, excluído de todas as benesses do universo. Este é um quadro sombrio, realista, porém não definitivo, a ser revertido em uma situação favorável, contando com a alteração de trajetos que levem a novos rumos.

O nosso papel agora é o de desconstruir aquela teia de preconceitos estruturais que nos envolve, nos sufoca e oprime. Essa transição não é simples. Exige de nós uma autoconsciência e uma nova leitura de mundo, que contenha a abertura capaz de reconhecer uma visão límpida de futuro, desprovida de qualquer mácula do passado, livre dos estigmas que impedem nossas conquistas.

A par disso tudo, empreendi, neste espaço, o somatório de resgates altamente relevantes, capturados de múltiplas vivências e experiências de pensadores consagrados e pessoas comuns do meu cotidiano. Nessa coleta de registros, tive a feliz ideia de colher toda uma diversidade de lições de vida, que tornarão meus saberes cada vez mais ricos.

O que pensar das minhas diferentes leituras? Da minha inspiradora definição de saudade? Da profunda definição de Deus de Espinosa, do significado mágico dos dizeres do silêncio expressado pelo companheiro Leniro? Da inquietante definição do nosso quadro social, expressada por escritores sociólogos, antropólogos e de cientistas dos mais diferentes campos?

Essa mescla de ideias e narrativas constituirá este meu arcabouço literário de sobrevivência.

A PROFUNDA SOLIDÃO HUMANA DE NOSSOS DIAS

Como nós nos vemos face da contemporaneidade? Não sei se darei uma resposta que possa satisfazer.

Traduzindo a inquietude cotidiana:

A solidão humana de qualquer natureza é o ponto mais relevante de hoje! Pelo menos é o que mostram as redes sociais. Nesse espaço, tudo se pretende esteticamente alinhado, no padrão de satisfação interna. Ninguém mais pode demonstrar fragilidade, desconforto diante de algum problema. Ninguém presta atenção no outro. Afinal, os amigos são todos felizes, de acordo com parâmetros estéticos aceitáveis. Assim como nós, os algoritmos nos mostram uma atitude ausente e egocêntrica.

Se tivermos alguma dificuldade, um conselho mais assertivo é: procurar uma terapia, uma igreja, acender um baseado, encher a cara, sendo tomado por um santo porre, amar embriagadamente, no limite dos sentidos primários.

E não me encham o saco com fantasias! Afinal de contas, amigo é coisa passageira, do Natal ou de final de ano, seguindo um protocolo do amigo oculto, ou, como dizem os paulistas, secreto! Para dar e receber presentes sem causar problemas, já que essa época é tempo de trégua, para depois sair abraçando, beijando e adiante sair na porrada!

A verdade é que estamos entediados no contato uns com os outros, e nossos relacionamentos são cada vez mais virtuais, competitivos, conflituosos e tóxicos, sujeitos a cancelamentos irreversíveis! São superficiais e rapidinhos.

Parece até mesmo que as nossas necessidades de afeto se resumem a uma transa rápida, usada como instrumento de autodefesa, ação sem compromisso. Eu mesmo me flagro menos afetuoso que antes. Ainda assim, sinto que minha saudável indignação civil insiste teimosamente em permanecer. E se ainda posso me indignar, me sinto vivo, resistente às emoções predadoras, mas, igualmente, não imune a situações dolorHidas. E por que este afeto vai deixando o nível individual, concreto, para se associar a um coletivo frio e abstrato, sem face?

Às vezes pensamos que este é um sentimento individual. Que nada. Já dizia o Lobão "que as pessoas enlouquecem viciosamente, sem prazer". Isto foi registrado há mais de 20 anos. Hoje, pode ser traduzido como uma esquizofrenia coletiva, mal disfarçada pelo consumo desenfreado em todos os níveis, em que o mercado e o poder do misticismo se mesclam, e as religiões – comumente servindo de instrumento de manipulação e freio social – igualmente se capitalizam à custa da força da fé e da contaminação dos agentes do capital convertido em haveres materiais para riqueza dos autoproclamados líderes produtivos e espirituais, sustentados pela teologia da prosperidade, verdadeiros potentados ou patriarcas, dirigentes das crenças ou da razão.

Então, nós entraremos num beco sem saída? A fé e a razão não podem se encontrar em tempos distintos?

Saída? Impossível? Será? De um lado, temos a figura de Deus, criado pela necessidade do homem se refugiar.

Assim, o homem, com sua genialidade, faz uma construção mental de Deus, que, de um lado, premia e, do outro, castiga, com a estreiteza alienada, balizada pelos valores contraditórios do próprio homem. Do outro lado, esse mesmo homem alimenta um pragmatismo rude, amoral, que ameaça destruí-lo.

Em face desse quadro de espectro sombrio, que futuro esperar?

Depende da capacidade de cada indivíduo e do coletivo para desconstruir essa arapuca monstruosa armada por nós mesmos. Este é um campo minado e ainda obscuro e desconhecido a ser desvendado. É o muro a ser derrubado, de modo a ficarmos a salvo dos algoritmos insidiosos.

A nossa capacidade de busca alinha nossa trajetória, alimenta nossos anseios e abre um imenso e amplo clarão, quem sabe, um arejado jardim, onde se possa, à sombra de uma árvore frondosa, repousar e contemplar a natureza viva, modelada pelos acordes das aves, livres da prisão de gaiolas. Imaginemos ser despertados pela madrugada, pelo canto vibrante dos galos, revoar livre das maritacas, pelo mugir das vacas e o berrar dos carneiros. Seria esse o cenário da felicidade?

Talvez o indicativo de que a solidão absoluta é desmentida pelo nosso diálogo permanente com cada elemento da natureza viva, incluindo, além de cada um desses elementos vivos, o ser humano, com sua diversidade e sua capacidade crítica de pensar o mundo, sem qualquer reserva. Essa é a fórmula qualitativa de nos preservarmos com toda a inteireza enquanto humanidade, nesse espaço planetário em ambiente de liberdade, ao redor do cosmos, sem que nos assalte o temor do fim de tudo isso.

A ordem é desfrutarmos, de forma saudável, de tudo o que nos é disponibilizado, abandonando o ser solitário pelo ser solidário e livre.

A VIDA COMEÇA TODO DIA

Como uma vida pode transbordar de encantamento e orgulho!

Isso se explicaria pelas pessoas que se lembraram de mim e registraram este momento único, assinando-o com orgulho e profunda emoção.

Todos os que me escreveram, me abordaram de formas diversas e que pensaram em mim me conduzem a uma profunda reflexão, gratidão e satisfação interior, que faço extensivas aos que são da cota de minha amizade permanente.

Atendendo às conveniências do momento, até mesmo por um leve sentimento de vaidade, devo pensar que minha vida começa aos 70 e não aos 40, como se costuma dizer!

Afinal, a vida começa todo dia, já que o meu renascer se faz a cada tempo.

Nasci! Hoje é o meu primeiro dia! Faço florescer a criança que há em mim, septuagenário, impetuoso na transgressão, desafiando e testando limites, pleno de uma juventude impetuosa! Faço saber a quem interessar possa que me apresento um ser em permanente construção, contraditório, faminto e sedento de liberdade, não aquela que me concedem, mas a que quero conquistar. Não conheço nem a luz nem as trevas, nem tampouco a mim, um ser desconhecido a ser revelado a cada dia!

Nos múltiplos papéis a desempenhar nesta sinuosa trajetória, e aos quais me submeto irrequieto, sou e estou a cada instante exercendo minha consciência viva, disposto a ocupar o espaço que me cabe, alimentado por aquele sopro que chamamos esperança, que, ao contrário do que é dito, é a penúltima que morre! Se fosse a última, tudo seria em vão, uma vez você já morto, não é assim?

E a vida segue, teimosamente, alimentada por essa chama de indignação que não se apaga, dessa mesma esperança a ser semeada e cultivada dia a dia.

A vida da gente apresenta múltiplas faces, comparadas a becos estreitos, pontes, túneis e travessias obscuras, pouco acessíveis às nossas caminhadas. Diante desse quadro de passagens por vezes tortuosas, cabe-nos buscar a simplicidade em cada ato, em cada fato.

E agora vamos lançar mão do retrovisor, buscando desvendar quem sou eu, quem somos nós:

De onde vim? Que caminhos percorri? O que eu quero?

– Eu sou um pedaço de vocês. Pronto. Satisfeita a curiosidade!?

Sair do refúgio é o caminho do fim do jugo a que somos condenados pela falta de visibilidade que não conduz a nada!

Essa minha indumentária opaca me protege da sanha pouco saudável dos algoritmos!

Devo, contudo, desafiar o que me rodeia, sair da bolha, me expor e atravessar o muro! O que temo? A proximidade das mazelas, quero distância, até mesmo por questão de sobrevivência, já que deixaram marcas perturbadoras, definitivas em minha memória, que me oprimem, me tolhem: o Quarto Escuro, ditado pela convenção da autoridade patriarcal; o catecismo, que me tutelava e tornava obediente a regras sem qualquer significado para mim, migrando da família supostamente protetora à escola, com traços de reformatório, de cenário hostil! Era uma autêntica lavagem cerebral, redutora da autoestima!

Alguém sabe o que é isso? Provavelmente não.

Desde tenra idade era submetido a normas rígidas, traçadas por valores religiosos, e todos sabem que nessa ambiência o que é proibido é o mais desejado.

Durante essas práticas religiosas, eu me escondia em um canto do pátio. Nesse espaço se aprendia de tudo! Práticas sexuais, homo, hetero, pequenos furtos, golpes etc., etc. Nesse mundo diverso, essas práticas deveriam ser encaradas com mais naturalidade, com um olhar pedagógico. Ao contrário, eram exponencializadas e sentenciadas valorativamente como ações condenáveis, talvez em função do contexto rígido, moralista em que vivíamos. Isso era, de certa forma, compreensível.

Eu submergi, e quase não resisti aos efeitos do choque. Meu poder de reação veio em meu socorro e finalmente emergi, rompendo tabus, fazendo frente à opressão e até mesmo repressão dos serviçais da escola, e da disciplina nada exemplar gerada pela omissão do endosso conservador familiar! Isso nada tem de fantasioso! É a realidade nua e crua a que éramos expostos.

A Vida é algo dinâmico que se modela a passos vertiginosos.

A Vida é um longo caminho a percorrer, onde você é mestre e aluno. Algumas vezes você ensina, mas todos os dias você aprende. Esse é o verdadeiro duplo sentido em que a vida se encaixa.

Em um mundo adverso há muito a se aprender! Esse aprender pode ser o ponto de partida para a maturidade a conquistar.

O melhor exemplo pode ser dado em minha trajetória de vida: saindo nas férias escolares, da área urbana para o campo, tive momentos de regozijo e bem-estar em comunidades rurais. Pode-se dizer que vivi plenamente minha infância, em Portugal, onde nasci.

Pelos meus onze a doze anos de idade, promovi prazerosamente, com meu gramofone (equipamento primitivo), muitos bailes para as moças do local.

Por esse tempo, no vilarejo onde passava férias, estava presente quando chegou na casa de meu avô a luz elétrica, em 1958! Que euforia!

O futuro me esperava.

Passava o tempo e eu viria a atravessar o oceano em busca de novas conquistas, novas vivências, novos aprenderes em outro continente.

O transatlântico, com o nome inspirador e simbólico de *Vera Cruz*, quando atraca propicia meu acolhimento em nova terra. Brasil, Rio de Janeiro, que traria para minha vida um novo significado, abertura de uma nova página.

Ao encontro de meus pais, já de há muito afastados de mim, nesse novo majestoso continente, que assim se pensa dele, transpondo túneis, pontes e viadutos, eu alicerçaria meus novos quereres, saberes, crescendo diante de uma nova escola, na qual eu seria tratado como um estranho até me afirmar como cidadão pleno, construtor de um novo amanhã, abrigando fracassos e êxitos: em face dos preconceitos, vitórias, nas conquistas celebradas, como indivíduo, como ser coletivo, trazendo atrás de si a formação de uma família nuclear – pai, mãe e filho – e, como ser proativo, afirmativo, buscando conquistar espaço próprio.

O INTERNATO

Fazendo jus ao perfil desta coletânea, me vejo forçado a repassar aqui um registro agudo sobre a etapa de uma vida preciosa de um de nossos companheiros vivendo em regime de internato que exprimiu uma impressão amarga sobre a instituição.

Sua vivência foi tão dolorosa que ele chegou a comparar esse espaço, supostamente sociopedagógico, a uma máquina de moer carne!

Essa trajetória acidentada certamente se diferencia de muitas outras, porém esta realidade deve ser pontuada como única e peculiar, em função do contexto do cenário inquietante em que ele viveu.

A expressão nua e crua desse aluno, já revelada enquanto adulto, colocava a nu o não pertencimento a essa comunidade em torno. Nela, ele se achava um estranho no ninho, ao contrário de muitos que lá viviam, formando uma sólida identidade, na qual ele não se achou integrado.

Isso pode justificar as posturas insurgentes desse aluno, que o tornaram personagem de sua própria história, hoje protagonista graças a sua força ativa de luta. Mercê dessa luta, se emancipou social e profissionalmente, passando a ocupar cargo de direção na universidade onde trabalha.

Os nomes registrados por ele nesse relato devem ser omitidos, devido à crueza do que aqui é narrado.

Ele chama a atenção sobre fatos significativos, por conta de situações incômodas a que ele teve que se submeter e vivenciar.

Esses fatos relevantes devem merecer atenção e reflexão por parte de todos nós.

E ele conta:

"Quem vê uma pessoa que, tendo passado anos como interno no Instituto Benjamin Constant, obteve graus de sucesso na vida, acredita que esta pessoa é extremamente grata à Instituição. O sentimento de gratidão, aliás, nos era incutido desde o primeiro dia que chegávamos. O mito de A Melhor Escola da América do Sul (ninguém me mostrou uma escola argentina, por exemplo) me foi enfiado a machado desde meus primeiros dias no tal casarão rosa".

Para se entender melhor a fala desse aluno, vale lembrar o que era dito a todos os alunos na época, por uma pretensa assistente social, que sequer o certificado possuía: "Vocês têm que erguer as mãos para os céus! Esta casa dá tudo de graça para os alunos – Comida, banho e cama"! Isso é um mito! Ela esquece que isso não é uma benesse! Tudo de que os alunos desfrutam é bem pago pelas taxas e pelos impostos cobrado pelo estado a todo cidadão trabalhador formal e informal.

E ele prosseguia:

"Mas o IBC era aquilo que o pesquisador Goffman chamou instituição total, no sentido de que a pessoa ali internada tinha sua personalidade transtornada.

Nos primeiros meses, o que hoje chamam de *bullying* fez parte de minha vida e eu não vou fazer a louvação do *bullying*. Advertido por um dos eminentes professores da casa, sobre os riscos de violência sexual, passei meses fugindo de possíveis violadores. Levei anos para compreender que eles só queriam me aterrorizar e conseguiram!

Eu tenho de agradecer a isso?! Só se fosse um kardecista convicto. Passei também anos de solidão nos intermináveis finais de semana. Entre 1985 e 1990 vivi uma situação digna de psiquiatras: odiava com todas as forças do coração aqueles finais de semana solitários (em um feriado de 1988 passei inteiramente só) e tinha que lutar contra o senhor diretor geral à época, para poder ficar naqueles fins de semana por não ter para onde ir".

Importante pontuar que a partir da década de 80 o IBC foi perdendo gradativamente seus funcionários estatutários: pessoal da cozinha, da limpeza, da rouparia, lavanderia, da administração, seja por morte, por aposentadoria, por exoneração a pedido etc. Essa equipe foi sendo substituída por empregados terceirizados, contratados via empresas. Daí as lacunas deixadas nos serviços a serem oferecidos pela instituição que passou a não mais suprir algumas atividades noturnas, em finais de semana e durante o período de férias, até mesmo atividades diurnas, causando assim a supressão de equipes de acolhimento indispensável ao atendimento dos alunos que não tinham para onde ir.

No período do internato focado, os alunos que ficavam, até mesmo no final de semana, criaram um vínculo tão forte que gerou uma certa identidade entre eles. Esse fato deve ter ocorrido intensamente com esse aluno, que por vezes se sentia solitário, tal qual Robson Crusoé habitante de uma ilha despovoada.

Ele prossegue em sua narrativa:

"Em meados de 1990 um professor, todo-poderoso chefe da Divisão Pedagógica (poucos meses depois uma intervenção federal varreu sua pompa e arrogância), me cobrava que arranjasse um lugar para ficar nos fins de semana. Aliás, a bolsa (permanência no IBC para estudar em outra escola) era a cereja do bolo com que éramos estimulados não apenas a um comportamento disciplinado, mas principalmente um comportamento subserviente".

De certa forma essa atitude do professor revelava um viés de chantagem em relação aos alunos, em particular em relação a ele, já que se sentia diretamente atingido por esse tipo de opressão.

Ele segue seu desabafo:

"O diretor geral da época, do alto da sua 'sapiência pedagógica', exclamava: 'Prefiro alunos que quebrem a escola aos que me contestem'. As agressões físicas naquele meio (já não falo nas psicológicas) eram o pão de cada dia. Um aluno de baixa visão que amava agredir cegos e sair correndo encontrou um castigo merecido: cerca de vinte alunos se reuniram, o cercaram e literalmente o lincharam. Os punções usados para escrever braile foram usados contra ele. No corpo do aluno materializou-se a revolta de muitos.

Desse modo, faz-se urgente desconstruir a lenda: todos aprendemos a louvar o IBC, como se fosse casa perfeita. Não é, não tinha como ser e, se queremos refletir sobre ele, é preciso terminar com esta ladainha de lugar magnânimo 'Onde o cego sob as angústias da treva, pode enfim suavizar e esquecer'.

Quando o PT está em xeque, quando o Ministério Público está questionado, quando coronéis do corpo de bombeiros são presos por receber propina, também a memória do Instituto tem de ser revisitada e redimensionada. Claro que ali foi possível ter bons momentos (é possível ter bons momentos até nos campos de concentração de Hitler e Stalin), mas entendo ser preciso uma visão mais ampla que pare com esta louvação compungida! Chega desta história de ser forçado a dizer que tem saudade! Chega de cantar os melhores anos de nossas vidas! Da minha, pelo menos foram os mais difíceis, os mais duros e como melhorou depois que fui embora! Chega de Agradecer!".

Essa manifestação de revolta amarga apresenta um paradoxo, em face de sua postura protagonista de hoje, já que a instituição deixou um forte legado de consciência humanista. O professor de hoje, a despeito de não ter anistiado em sua mente aqueles que exercerão efeitos lesivos em sua caminhada, teve preservada a sua dignidade, que o levou a uma prática de luta continuada.

O sonho realizador desse professor prevaleceu sobre todas as pedras em seu caminho.

CARTA A MEU HERÓI

Bom dia, meu neto querido! Sabes que tu és o meu herói? Marvin! Aquela figura de herói dos tempos imemoráveis! É sim! Tu és mesmo meu herói, dotado de um poder incalculável diante de teu avô indefeso, pela corrosão limitadora da idade.

Diante de tua figura que se agiganta, o papel é o de te admirar! Sabes, teus pais amorosos te protegem, te preparando o caminho do futuro cheio de imprevistos, que aprenderás sabiamente a modelá-lo de acordo com tua vontade.

Pede-lhes que te leiam o que agora te escrevo. Diz-lhes que quero te afagar diariamente, semanalmente, já que o espaço de um mês é demasiado demais para teu avô, para quem o tempo passa mais rápido.

Diz-lhes que já estás com saudade! Aquela saudade precoce, que te assalta a mente e o coração, como se já fôssemos íntimos! Fala sobre a falta que tu lhe fazes, de lhe estender as mãos, em um brando afago, de te envolver em um suave abraço.

Daqui a algum tempo, curto tempo, teu avô não mais sentirá teu cheiro, teu calor, tua vibração de ser vivente! Confidencia-lhes teus sonhos de brincar com teu avô, em um parque em que tu e ele se sintam crianças.

Começa a imaginar o quanto o farás feliz! Agora teu avô vai descansar e sonhar contigo. Mostra para o mundo esse teu sorriso largo de alegria, por estares sempre com teu avô e com teus entes queridos! Que o sol nascente te ilumine e te dê luz própria! Até logo, em um tempo breve! Um afetuoso beijo, meu herói!

CARTA-TESTAMENTO

Filho meu. Declaro para os devidos meios e fins, firmado nos princípios que a mim foram legados, com a garantia da absoluta verdade, que tu és o maior bem que eu pude gerar, contando com uma inesquecível e definitiva parceria! De meu pai colhi os exemplos do seu tempo. Alguns, por seu anacronismo ou pela minha falta de capacidade, tornaram-se intransferíveis. Outros foram produzidos em minha trajetória de vida de expectativas, tão venturosas quanto inquietantes.

Meu sentimento de afeto por meu velho pai, inicialmente guardado como meu ídolo, foi inabalável, mesmo resistindo a todas as contrariedades projetadas da visão opressiva de seu mundo, que, apesar de não aceitar plenamente, busquei compreendê-lo como natural! Cresci pronto a perceber a necessidade de buscar me amoldar aos novos tempos, visando me aproximar de tua geração, removendo vagarosamente inseguranças e conflitos, alguns deles incontornáveis! Deixando de lado essa diversidade a ser respeitada de parte a parte, hoje posso afirmar com toda a ousadia que me descobri substancialmente em ti!

Somos unos já que diversos, guardados os espaços e tempos próprios. Em face dessa intencional e potencial simbiose, deixo para ti, assinado no cartório do cotidiano, minha viciosa e virtuosa visão de mundo, com um inventário contraditório e repleto de maus e bons exemplos, de respeito às coletividades, dos egocentrismos latentes e manifestos, de luta determinada por ideais, de momentos de impulsividade destrutiva, de espírito inconformado com a injustiça, de imaturidade inconsequente, de postura ética frente ao outro, de sentimento amargo diante das barreiras de qualquer natureza, do pensamento sereno alimentado pela esperança perante o futuro.

Esse turbilhão de incoerências, inerentes a nós todos, com maior ou menor intensidade, tem cimentado meu jeito de ser. Eu não tenho mais saída. Tenho apenas a única certeza que tua sabedoria, nesse longo caminho que ainda percorrerás, te levará a seres melhor que eu!

A paciência pedagógica e imperturbável que mantiveste no relacionamento com a intolerância e mesquinhez de pessoas alimentadoras de preconceitos, me faz crer nisso. Diante de testemunhas de toda a minha credibilidade, assino e dou fé de todo meu pensar, sentir, simbolizados por meu profundo afeto por ti!

Para maior credibilidade, confesso e certifico momentos que contigo passei, desde teu nascimento, acompanhando as primeiras etapas do teu crescimento.

Lembro quando te pegava no colo circulando pela casa toda, entoando uma melodia que inventei para ti e que te fazia calar quando choravas. Lembro que segurava teu rosto, introduzindo suavemente, com a colher, tua comida. Quando choravas, não querendo mais, eu aguardava outro momento para continuarmos. Lembras quando brincávamos no cumprido corredor da nossa casa, jogando bola um para o outro, quando brincávamos de esconde-esconde, e, uma vez descobertos, tu soltavas uma imensa gargalhada, rindo de felicidade? Lembras quando falavas no microfone do meu som e inventavas músicas, cantando e soletrando palavras? Lembras quando no box do banheiro eu te ensinava a melhor maneira de te banhares? Lembras quando da minha separação da tua mãe, dizias-me que tua mãe teria que arranjar um novo namorado? Sabes que teu avô olhava para ti, encantado, como se tu o hipnotizasses!

Diante de tudo isso, declaro também uma imensa dívida impagável que tenho contigo, pelo tempo que passamos a viver afastados. Declaro, também, nunca ter te abandonado, ficando sempre atento a barreiras que encontravas pelo caminho, que eu sempre me dispunha a ajudar a remover. Lembro de algumas vezes quando ficavas doente, com febre alta, eu ficava noites inteiras de plantão, inquieto ao teu lado. Eu nunca hesitei em compartilhar com tua mãe os momentos em que ficavas enfermo.

Finalmente, peço-te que te renoves a cada dia e te mantenhas vigilante, evitando incorreres na repetição de minhas deficiências incuráveis. Se cuidares de quem gostas, também serás cuidado em torrentes benfazejas, por esse universo de intensos gostares! A ordem agora é seres feliz e livre, aprendendo a conviver saudavelmente com teus conflitos de forma amena, reconhecendo teus limites, isto é: conviver consigo mesmo e com o próximo.

Assinado: um pai assolado de dúvidas diante de uma realidade conturbada e alentado pelos frutos fecundos de seu papel social de animar as atuais e futuras gerações, com lealdade e transparência. Esse é o mais edificante legado que posso deixar para meu filho. Vale lembrar a recomendação de não se arvorar a lhe dar conselhos, já que estes não lhes servem mais nos dias de hoje. Quando muito, deve ser mantido com ele um diálogo franco e direto, já que a vida se encarregará de cobrar dele a sua prestação de contas.

CAPÍTULO 2

A LUTA PELO EXISTIR

ATO DA GESTAÇÃO AO MOMENTO DA LIBERDADE

Nos 3 primeiros meses do meu futuro inicia-se a minha corrida ao encontro das tubas uterinas, que coisa difícil! Mas eu vou tentar. Ahhh!!! Consegui alcançar o meu abrigo, o útero. E logo, logo viro um embrião, estou percebendo que algo se forma em torno de mim. Rapidamente virarei um feto, um minúsculo ser formado quase todo de água.

A placenta junto ao cordão umbilical vai me sustentar nessa hospedagem temporária. Que bom! Aquela que está me acolhendo começa a sentir que tem um outro ser utilizando seu corpo, como habitat. Ela se move. Calma! Esse ser sou eu.

Estou tentando me mexer e expandir, mas o espaço parece muito estreito, se eu tento me virar o meu abrigo fica inquieto. Entenda, eu estou crescendo! Agora, preciso de mais oxigênio para meus pulmões e fluxo sanguíneo para o meu minúsculo coração que já palpita.

Estou com fome! Preciso me alimentar! Estou em fase de expansão. Eu sou cada vez mais, eu. Após algum tempo utilizaram um aparelho para ouvir meu coração.

Aquela pessoa que me dá abrigo, sente contrações e me pressiona. Que legal! A minha casa temporária é examinada detidamente. Estou bem, só estou com um pouco de fome. Como te devo chamar? "Fica quieto, meu filho, sua mãe está com dor". Mãe, quando será que posso sair desse abrigo? Não me aperta muito. Você me machuca. Deixa eu sair!

Acho que finalmente eu vou sair. Estou me sentindo desconfortável. Deixa eu sair! Quero ficar livre! Saio livre e grito, impulsionado pelas mãos de homens. Finalmente me desprendo da placenta, em direção à vida.

Ela chora emocionada e diz: "Ó meu filho querido, tu és bem-vindo ao nosso meio, sua mãe está muito feliz". Semanas depois a mãe se encontra com olhar contemplativo e desalentada. "Oh meu filho, te falta alguma coisa. O quê!?".

Os olhares dos presentes percorrem o espaço, atônitos e interrogativos! A criança chora demoradamente, transitando do colo da mãe para o colo do pai e outros colos, de modo acolhedor. E o pai, temendo algo não desejado, interroga? Por que ele fica inerte diante dos nossos olhares? A resposta virá depois.

O TRAJETO – DO DESCONHECIDO AO ESPAÇO A DESCOBRIR

Após me sentir liberto, fiz ecoar um profundo grito de afirmação. Estou aqui! Olhares se multiplicaram, mãos acolhedoras se fizeram de abrigo em uma saudação eufórica, e mais adiante silenciosa.

O choro assinalava a sua presença. Como que a pedir atenção exclusiva. O sono veio profundo refletindo uma quieta paz.

Todos em volta conjecturavam sobre seu futuro: como será ele? Que destino terá? Os pais, ainda encantados pelo acontecido, sonhavam para ele o melhor dos mundos. A mãe dizia: "Meu filho parece um anjo!". E o pai, vibrando: "Nosso filho vai ser um menino forte e de ouro!". O tempo passou! Nem tudo é para sempre!

A quietude, calma e imperturbável, foi quebrada pelo desapontamento da descoberta inquietante! Aí a mãe diz: "Ele não responde aos nossos olhares!". Aí o pai fala: "Ele possui algo de diferente, não se move quando é solicitado". A mãe: "O que eu fiz para merecer isso, meu Deus!". O pai: "Minha velha, Deus há de prover".

Esse diálogo imaginário pode ter sido real, diante da perplexidade da descoberta não desejada. O que fazer diante do fato? Toda criança, ao nascer, é um ser indefeso. As atitudes da família poderão minimizar os efeitos dessa fragilidade inicial.

Os primeiros anos dessa nova vida vão determinar o seu futuro, impondo-lhe maiores ou menores limitações.

"Agora estou aqui, menino, ser, pessoa! Início, do berço para o colo e para outros colos, até que possa engatinhar e me atrever a dar os primeiros passos, tropeçando em face de obstáculos, me machucando, e, mesmo tonto, me erguendo! Eu estou aqui! Sou eu! Quero ser livre, arredando as pedras do meu caminho.

Não duvidem que eu possa fazer isso! Eu caio, mas levanto! Eu me sinto um ente presente, capaz de receber e dar afeto, alimentado pela força de viver".

OS MEUS EUS – ESTES DESCONHECIDOS

Quem somos nós? Somos eus! Somos seres singulares e plurais, multifacetados, cumprindo como atores inúmeros papéis, conforme as exigências da oportunidade.

Eu sou um, entre outros, não preciso de nome. Traçando toda uma simbologia, única e diversa. Dizem que possuo aquilo que chamam de arbítrio. Quem sabe os limites desse arbítrio?

É sabido da trajetória que percorremos, definida em um ciclo biofísico preestabelecido: nascemos, dando início, dialeticamente, àquilo que chamamos de morte. Crescemos e, como seres gregários, inicialmente frágeis, indefesos, carecemos de um mínimo de proteção, buscamos nos empoderar e atingimos a fase da afirmação. Fenecemos, entrando na faixa do imponderável, do mistério não revelado.

Pensemos o fenecer como um fenômeno natural.

Estamos acostumados a ligar a palavra "morte" apenas à ausência de vida. Não será essa ideia um erro? Nós precisamos morrer todo dia. A morte nada mais é, que uma mudança de ciclo, uma transformação. Não existe planta sem a morte da semente, não existe embrião sem a morte do óvulo e do esperma, não existe borboleta sem a morte da lagarta. A morte nada mais é do que o ponto de partida para o início de algo novo. É a fronteira entre o passado e o futuro. Enfim, todo processo de transformação exige que adormeçamos o nosso "eu" passado, reconheçamos o "eu" presente rumo a um futuro a revelar, a construir.

Cada um de nós constrói sua história, respeitando as condicionantes limitadoras, acompanhando um trajeto de intensa diversidade com seus componentes de competição, conflito e acomodação. Muitos de nós ficamos detidos, enjaulados no que éramos, não nos projetando para o que poderíamos ou desejaríamos ser.

Aí, emergem as inquietudes, os medos, pela ausência de referências.

Nós queremos alcançar a nova etapa, sem abrir mão da forma como pensávamos ou como agíamos. Isso acaba nos transformando em projetos inacabados, híbridos, adultos infantilizados.

Podemos até agir, às vezes, como meninos, penetrando em um mundo simbólico, imaginário; podemos assumir uma personalidade que nos torne capazes de fazer sobreviver o nosso lado criança, tempero de enriquecimento de nosso lado adulto, introduzindo as brincadeiras, o sorriso fácil, vitalidade, criatividade e a pureza. Assim, sobreviverá a inteireza de ser com toda a solidez. Então, você e eu morreremos para fazer nascer um ser melhor.

Aí nascerá um novo eu, colocando a nu todas as suas máculas, com as quais sobreviverá, com maior ou menor intensidade, pondo fim a mais uma etapa desse caminhar.

A vida se constituirá em uma gama de soluções para remoção de barreiras tortuosas, abrindo flancos capazes de nos direcionar na desconstrução de estigmas e preconceitos e de traçar caminhos, tendo como referência o passado, a percepção do presente e a projeção do futuro a construir.

Então, o que você precisa matar em si, ainda hoje, para que nasça o ser que você tanto deseja ser, são as ideias anacrônicas e fora do lugar. Pense nisso e morra! Mas não se esqueça de nascer melhor ainda! E vivamos nós, buscando renascer dia a dia!

O DIÁLOGO SECRETO DA MENTE DOMANDO OS DESAFIOS INTERNOS

Um dia, uma pessoa subiu a montanha onde se refugiava uma mulher eremita que estava meditando e perguntou-lhe:

– O que você está fazendo nessa solidão?

Ao que ela respondeu:

– Eu tenho um monte de trabalho.

– E como você pode ter tanto trabalho? Não vejo nada por aqui...

– Tenho que treinar dois falcões e duas águias, tranquilizar dois coelhos, disciplinar uma cobra, motivar um burro e domar um leão.

– E onde estão eles que não os vejo?

– Eu os tenho dentro. Os falcões se lançam sobre tudo que veem pela frente, bom ou ruim, tenho que treiná-los para pular em coisas boas. Eles são meus olhos. As duas águias com suas garras machucam e destroem, eu tenho que ensiná-las a não causar danos. Elas são minhas mãos. Os coelhos querem ir para onde querem, não para enfrentar situações difíceis, tenho que ensiná-los a ter calma mesmo que haja sofrimento, ou tropeço. Eles são meus pés. O burro está sempre cansado, é teimoso, não quer carregar sua carga muitas vezes. É meu corpo. O mais difícil de domar é a cobra. Embora ela esteja trancada em uma gaiola forte, ela está sempre pronta para morder e envenenar qualquer pessoa ao seu redor. Eu tenho que discipliná-la. É minha língua. Eu também tenho um leão. Oh… quão orgulhoso, vaidoso, ele pensa que é o rei. Eu tenho que domá-lo. É meu ego. Eu tenho um monte de trabalho. E você trabalha no quê?

CAPÍTULO 3

O CATECISMO COMO PÁGINA ABERTA

DOUTRINA COMO PRINCÍPIO DE VIDA

Toda pessoa, desde a mais tenra idade, nasce sob diretrizes a serem trabalhadas diariamente em seu cérebro, por definições e conceitos preestabelecidos em toda sua trajetória de vida.

Maria dos Prazeres Sousa Castelo, matriarca e provedora, desenvolveu seu trabalho junto a uma ordem religiosa vinculada à ordem dos jesuítas, à qual estava subordinado o colégio que regia com bastante solidez, como possuidora de todas as certezas. Ela era uma veneranda senhora que não se cansava de cultivar sua dualidade, com sua mansidão e rigorismo indisfarçáveis, de ditar regras impostas pelos traços de caráter religioso. A sua intrépida autoridade fazia aflorar um elenco de verdades absolutas de usos e costumes constantes nas normas rígidas de moralidade. Afinal, tínhamos assim uma instituição com um espectro de reformatório que visava burilar e sanear as mentes infantojuvenis, em regime de internato.

Os preceitos de fidelidade imprimidos a essa causa conduziam essa senhora a recorrer ao catecismo para definir Deus, o pecado, a virtude, quem deveria merecer as graças da divindade, quem deveria ser penalizado, por não seguir os chamados caminhos de retidão.

Que caminhos seriam esses? Amar a um Deus sobre todas as coisas, querer bem a nossos inimigos, dar a outra face a quem nos esbofetear, venerar Maria mãe de Jesus, sentir a mulher ser digna de um altar e atribuir ao homem a posse de um trono.

No sacrifício de Jesus na cruz, temos duas personagens simbólicas, durante sua crucificação: ao seu lado esquerdo, um homem incrédulo pedindo-lhe que o tirasse dali e os salvasse; ao seu lado direito, um homem que lhe pedia suas bênçãos firmando sua crença nele. Jesus, inquieto e incomodado, diz para o homem ao seu lado esquerdo ser ele de pouca fé e egoísta! Diz para o homem ao seu lado direito que, em verdade, será digno de todas as suas benesses e de conquistar, ao seu lado, o "reino dos céus".

Essa senhora proclamava com toda a sua autoridade e todo vigor, essas "verdades que pressupõe definitivas e absolutas". Essa foi a herança e o legado que nos deixou a visão religiosa opressora, introjetada pelos tempos afora.

Essas categorias filosóficas de fundamento teocrático, hoje reduzidas, ainda assim perduram. O tempo tratou de forjar outros seres humanos, de maior massa crítica, dispostos a se rebelar e indignar, em face dessa intolerância tóxica que colocava Deus acima de qualquer valor.

Dessa concepção sociofilosófica, de cunho cultural e antropológico, que coloca a esquerda como o mal e a direita como o bem, se origina todo quadro político que perdura até os nossos dias.

OS HOMENS E A CRUZ

Os homens e a cruz (1976)
Nasce um homem
Se oferece à vida inteira.
Cresce um homem

Deixe a porta entreaberta à vida
Por temor ao desconhecido.
Caminha o homem
Seu caminho de pedras soltas,
De asfalto causticante.
Percurso livre por onde flui o sonho
Capaz de recriar passagens
De alimentar músculos e ossos
De transformar trajetos.
Vida sem projetos, vazia
Cruz fria de ferro
Tem o peso da angústia
De cada um e de todos.
Cruz de madeira,
Cruz de pedra
Cruz de concreto
Corpos sangrando
Apenas com os limites do seu espaço natural
Cruz abstrata
Corpos marcados
Tombados de cansaço sem solução
Castelos e torres,
Refúgio e segurança
Para quem querer é poder.
Barracões de zinco
Cabanas de palha
Fortaleza inexpugnável

Frágeis limites rurais
Agressivos espaços urbanos
Devoradores sem proteção,
Sua sólida esperança
De futura vitória
Que não seja em glória.
Passo a passo
O operário renova suas forças
Carrega sua cruz
Até à espera de um dia de trégua
Bondosamente doado
Pelo senhor todo-poderoso
Dos mares, das terras e dos ares.
Alcançado pelo grande grito
Assaltante remorso.
De matar muitas vezes cristo.
Vamos romper grilhões
Busca a própria liberdade
A aspiração comum;
Que os desiguais se aproximem
Que os iguais se tornem mais iguais
E assim seja…

UMA VISÃO DIVERSA DE DEUS

O pensamento ora a ser desenvolvido neste texto mostra toda a justeza e visão agnóstica na definição do que seria Deus, como ente universal, em uma estrutura cósmica complexa. Daí a proposta de resgatar ideias consagradoras e sábias na definição mais próxima do ente pressuposto de Deus.

Acredite, algumas dessas ideias foram expressas por Espinosa em pleno século XVII.

(Deus monologando para você)

Nada significa ficar rezando e batendo no peito.

A ordem é desfrutar da vida o quanto se pode, sem pecado e sem culpa!

Que se tenha como primazia do gozo, da alegria, da satisfação interna, capaz de limpar a mente dos resíduos malfazejos!

Deus nunca construiu templos lúgubres que o homem diz ser a casa sagrada a deus dedicada.

A casa onde Deus pode ser encontrado está nas montanhas, nos bosques, nos rios, nos lagos e nas praias.

Lá, imagina o habitat de Deus, onde ele expressa todo seu amor, generosidade e benevolência.

Deus aboliu as tuas culpas e a sua vitimização.

Deus nunca te atribuiu qualquer defeito. Tu és em essência, um ser possuidor de falhas a serem reparadas com toda a leveza.

Seus pensamentos, sentimentos e ações enriquecem seu ser. Nada mais vibrante que se revelar livre e fazer fluir a força de cada um de seus elementos humanos pela razão e pelo sentir expressados na emoção manifestada pelo prazer do afeto e do sexo, instrumento de prazer realização, saber e poder.

Não cabe culpa no ato de crer ou não crer.

As escrituras sagradas não passam de escritos interpostos, geração afora.

Os meus escritos estão em cada texto que lês, contemplando a natureza, teus filhos, amigos.

Esse Deus é tracejado pela natureza, não julga, não castiga, não premia, dessa forma tampouco se apodera do perdão.

Deus não é algo que deva ser temido. Sim, admirado como fonte de liberdade.

Paixões, limitações, prazeres, sentimentos, necessidades, incoerências e livre-arbítrio são componentes atribuídos à criação de Deus: como poderiam partir de Deus todos esses traços por ele produzidos?

Se Deus te fez com essa complexidade e diversidade, como ele pode te castigar?

Esqueçe qualquer maneira que possa te manipular, mandamentos, leis e outras formas de controle.

A ética fundada entre nós é legitimada por princípios que afirmam a reciprocidade: "respeita o teu próximo e não faça aquilo que não gostaria que fosse feito contigo".

Deus não coloca ninguém à prova, não obriga a subida de degraus para alcançar o paraíso

Ninguém leva um sinal, nem tampouco um registro.

Toma tua vida e faz dela um céu ou um inferno!

O Deus não é um Deus ególatra, não admite louvações.

É hora de abandonar os catecismos, as cartilhas, os regulamentos e tudo que te possa aprisionar. Deus não aprisiona, cativa.

Deus não atemoriza, aceita.

Deus não existe fora de ti, ele habita teu interior.

Einstein, quando perguntado se acreditava em Deus, respondeu: "Acredito no Deus que se revela por si mesmo na harmonia de tudo o que existe".

O Deus que exerce esse poder milenar, não passa daquele Deus que premia e castiga, construção mental do ser humano que o alimentou, virtuoso e vicioso, repleto de todas as nossas contradições. O Deus concebido sabiamente por Espinosa é aquele que nos acompanha, endossa e blinda nosso existir, emanado de uma forte natureza cósmica, livre de qualquer cartilha, catecismo ou livro bíblico.

Deus se faz presente em nós, estamos e somos nele integrados.

CARTILHA ABERTA

Imaginemos quadros múltiplos: um senhor em uma moto, uma criancinha em sua garupa, pegando todo o frescor gelado da manhã na direção de uma oficina.

Na oficina, o pai da criança fazia seu trabalho freneticamente, ajustando peças de carros, soldando, esmerilhando válvulas, reparando os carros, executando seu trabalho. O menino inquieto reclamava: "Pai, está frio!". Aí o pai: "Filho, tem paciência! Come uma bolachinha". Todo carinho do pai era insuficiente para aplacar o desassossego daquela criança de 4 anos.

Aquelas vagas lembranças formavam um resíduo de memória da criança cega ávida dos saberes de uma infância ainda em defesa.

O cenário descrito é o de um trajeto de um pai, de sua casa para seu trabalho, na cidade de Lisboa, em 1950.

Passavam-se os dias, meses, e aquela criança amanheceu sem ter seu pai ao lado, que buscava em outras paragens novas formas de sobreviver como mecânico com dignidade. Depois de alguns meses, esse menino também se descobriu sem sua querida mãe, que tomou o mesmo rumo de seu pai.

Após completar 6 anos, a criança vivia uma profunda interrogação: acontecia a partir daí um grande hiato entre um viver diário caseiro e os intramuros de uma escola. Nesse meio-tempo, o menino se refugiava em uma bolha, ignorando-se a si mesmo, tomando para si um mundo de fantasia, preenchido por marcantes alegorias, projetadas até mesmo após o rompimento da bolha, com o descobrir do novo menino, na fixação das primeiras letras em relevo, dos primeiros fonemas, das primeiras palavras, talhadas em pequenos pontilhados dedilhados e firmados pelo poder do tato – era o braile, esse recurso insubstituível que o acompanhará a vida inteira, viabilizando a leitura e a escrita, tornando possível o seu acesso ao conhecimento de qualquer natureza.

Esse menino crescia se descobrindo a partir do seu corpo, integrando noções latitudinais e longitudinais, verticalidade e horizontalidade, textura, refletindo objeto físico liso ou áspero. Todas essas noções são fundamentais para qualquer criança, especialmente para uma criança cega, que tem o tato como instrumento.

E esse menino vai desenvolvendo, estimulado seus sentidos, a ponto de romper barreiras antes intransponíveis. A escola e a vida em família se articulam, dando vazão à descoberta de uma pessoa.

Na escola, um ser reativo, diante das limitações a ele impostas. Na família sente-se livre e proativo, capaz de todas as arteirices, mesmo diante de riscos possíveis, inspirados por sua incontida curiosidade. Em qualquer canto da casa, ele passava a mexer em tudo, em gavetas com talheres, se cortando com facas, em louças que quebrava. Descuidadamente, chegava à beira do fogão aproximando-se e expondo-se perigosamente.

Diante dessa inocente curiosidade, todas as pessoas da casa o repreendiam, dizendo-lhe que não podia mexer em nada. Só que não se preocupavam em lhe explicar o que era cada uma das coisas que ele apalpava insistentemente. Formava-se assim um círculo vicioso da exclusão do saber do domínio do seu espaço.

Entre as bizarrices do menino, ele lembra que sentava no pinico para fazer cocô, depois de muito tempo andava com o pinico na mão pela sala e derramava nela todo cocô. Em sequência, a avó exclamava que ele era um traste, estafermo! Nesse momento, a avó pegava no chinelo e batia fortemente no menino, que misturava choro com riso.

Ao menino, o avô, bondosamente, permitia tudo, admirado com suas arteirices. Ao entra na escola, o menino se mostrou inseguro e muito só, diante da disciplina imposta aos alunos, educados sob preceitos religiosos rígidos, em que muito do que faziam seria pecado, por isso mesmo proibido.

A escola determinava para os alunos o que era errado e certo fazer, obedecendo ao catecismo moral ditado pela figura de Cristo. O menino passava, a partir daí, por um processo de depuração e lavagem cerebral até o limite de sua acomodação, transformando-o em um ser passivo e de baixa autoestima.

Essas são marcas dolorosas que ficam e permanecem durante anos, até que aconteça a transição da pré-adolescência à adolescência, quando se estabelece a fase do porquê, do como, do para quê, pela afirmação de uma juventude rebelde e insurgente.

CAPÍTULO 4

O ESTADO DE INVISIBILIDADE

NASCER EM DUAS FACES

"Na minha próxima vida, quero viver de trás para frente. Começar morto, para despachar logo o assunto. Depois, acordar num lar de idosos e ir-me sentindo melhor a cada dia que passa. Ser expulso porque estou demasiado saudável, passei da condição de idoso inválido a pai ao mesmo tempo organizado e chato, pronto para receber isentado da reforma e começar a trabalhar, recebendo logo um relógio de ouro no primeiro dia. Trabalhar pela meia-idade, cada vez mais desenvolto e saudável, até ser jovem o suficiente para entrar na faculdade, embebedar-me diariamente e ser bastante promíscuo. E depois, estar pronto para virar atleta, o secundário e para o primário, antes de me tornar criança e só brincar, sem responsabilidades. Aí torno-me um bebê inocente até nascer. Por fim, passo nove meses flutuando num 'spa' de luxo, com aquecimento central, serviço de quarto à disposição e com um espaço maior por cada dia que passa, e depois – '*Voilà!*' – desapareço num orgasmo".

Woody Allen

LUZES E SOMBRAS

Ela, a sala tão cheia, as luzes acesas, um olhar vazio. Não teme a vida, não teme a morte, nem teme a sorte que dela se esconde e não a procura por não saber onde. Por isso não fala, não grita, não chora, apenas se cala com medo da onda bravia, mas o mar é calmo, se unindo ao céu. À noite, sozinha na sala escura, se sente segura e começa a falar. Abre a janela para noite tão fria, mas a lua é juiz que do alto espia. Por isso se guarda, outra vez se oculta, num canto calado sepulta o segredo, que na sua voz muda simboliza o medo.

PERDER O TEMOR

Perdi o temor à chuva.
E assim ganhei o frescor da água.
Perdi o temor do vento.
E assim ganhei o seu cantar nos fios.
Perdi o temor ao silêncio.
E assim ganhei momentos de paz.
Perdi o temor ao julgamento dos outros.
E assim ganhei caminhos mais abertos de liberdade.
Perdi o temor de investir tempo "em coisas sem importância".
E assim ganhei entardeceres, estrelas, pedaços de luar, águas rebrilhando ao sol, retalhos de canções…
Perdi o temor de dar-me integralmente, temendo sofrimentos e cicatrizes.
E assim ganhei a benfazeja multiplicação do meu tempo.
Perdi o temor de expor-me.
E assim ganhei mais confiança no que sou e no que podem ser as pessoas.

Perdi o apego ao que era palpável.

E assim ganhei a alegria da simplicidade.

Perdi o temor à competição.

E assim ganhei o sabor das vitórias e o aprendizado das derrotas.

Perdi o temor de desbravar caminhos desconhecidos.

E assim ganhei novas visões. E horizontes. E novos amigos.

Perdi o temor de dizer minhas verdades frontalmente.

E assim ganhei aqueles que a mim eram sinceros e leais.

Perdi o medo do dia de amanhã.

E assim ganhei o hoje!

Perdi o temor mórbido do "por que não fiz"?

E assim ganhei o mais pensar para melhor fazer.

Perdi a segurança estúpida das minhas "verdades únicas".

E assim aprendi a ouvir os outros.

Liberei a força dos meus braços para os abraços plenos de carinho.

E assim senti multiplicado o imenso e doce poder do amor.

Perdi o temor da morte e

Assim... ganhei a VIDA!!!

VIDA é liberdade em todas as suas formas e dimensões.

OS DIZERES DO SILÊNCIO

Por ter ficado maravilhado com este texto, tenho a ousadia para inseri-lo aqui. Repito: o início deste trabalho foi todo resgatado do texto brilhante do companheiro Leniro Alves.

PSIIIIIU!!!!

Acho maravilhoso ouvir, por exemplo, um pianista virtuoso, é uma "festa no interior" mais precisamente, no meu interior, mas, confesso, prefiro o que valoriza as pausas. Sim, porque pausa também é música e, tanto na música quanto na vida, que para mim uma é outra e outra é uma, precisamos da pausa, precisamos do silêncio.

Imagine-se uma guerra sem barulho! Não digo que seja impossível, pois o que se pode imaginar pode também acontecer, e imagine-se também uma briga em silêncio. Isso será mais fácil. Fato é, porém, que ele, o silêncio, já traz em si uma proposta de harmonia e, acho, é disso que estamos precisando enquanto sociedade.

São muitas as opiniões, são tantas as celebridades e maiores ainda os desejos de se tornar uma, como se as pessoas duvidassem da própria existência, ou como se apenas através do olhar do outro pudessem confirmá-la. E onde o silêncio? Onde o ouvir-se a si próprio com o perdão da redundância que creio necessária?

Lembro-me que nos meus tempos de colégio interno havia, como há ainda em diversos intramuros, um sinal qualquer que anuncia a hora do silêncio e acho que andamos precisados desta hora. Não para que se durma, porém, antes, o contrário, bem contrário mesmo! Para que fiquemos acordados ou mesmo para que acordemos deste sonho louco que vivemos, onde todos acham que podem falar qualquer coisa a qualquer momento e de qualquer modo. Reivindiquemos, pois, o dia do silêncio ou ao menos a hora do silêncio que, mais que navegar, ouvirmo-nos é preciso.

Peguei como referência esse texto do meu querido companheiro Leniro, por sua musculatura evidente, merecendo assim uma reverência e uma referência, tal sua intensidade, tal sua intenção. Fiquei maravilhado pelo seu culto ao benéfico silêncio, mas, por vezes, inquietante, pela repercussão ruidosa que causa em nosso cérebro!

Esse silêncio proclama uma enorme perplexidade, ecoando, como a expressão muda de relâmpagos e forte explosão de trovões em nossos neurônios, provocando, em contrapartida, acentuadas reações, que nos levam a uma reflexão que alimenta nossas mentes, como pontes para o sentir, agir e construir. Tal qual o leve som de um piano nos transporta à suavidade de um sonho, o rufar dos tambores nos desperta para a vida, e nos protege da polaridade de uma guerra fria eminente.

Não queremos o silêncio angustiante dos mortos, queremos sim o silêncio ruidoso dos vivos, aquele capaz de aplacar nosso desconforto, nossa resistência em face do novo, capaz de despertar nossas consciências.

TEATRO ASSÉDIO

Achei por bem resgatar esse texto precioso elaborado por meninas da periferia do Rio de Janeiro, mais precisamente Belford Roxo, que se diz ser uma terra de ninguém. Este texto nada mais é que uma denúncia de um cotidiano comum e normalizado por uma sociedade estruturalmente patriarcal em que as meninas e mulheres não têm vez! Elas são submetidas à suposta força do homem, desde tenra idade! Este texto é uma manifesta insurgência contra a submissão de gênero, que leva quase sempre ao chamado feminicídio. Dessa forma, este texto mostra toda a intensidade de uma mulher tratada como objeto do homem e toda a invisibilidade dela própria, como pessoa não empoderada.

Em tempo: este texto se converteu em uma peça exibida na escola das autoras Jade e Estephane, de 15 e 13 anos, com participação de todo grupo escolar.

Crianças brincando de pular corda: "o homem bateu na porta e eu abri. Senhoras e senhores, ponham a mão no chão! Senhoras e senhores, pule de um pé só! Senhoras e senhores, deem uma rodadinha e vão para o olho da RUA!!!" – Crianças cantam, Maria pula para fora da corda e fala: – A cada 2 minutos uma mulher é cercada. A próxima criança pula a corda e fala: – Não é só um elogio. Guilherme pula a corda e fala: – Não é sobre proteger as mulheres, é sobre educar as pessoas. E as próximas crianças repetem isso algumas vezes até chegar em Maria: Xandinho "não é só uma brincadeira". Ellen: "a minha roupa curta não é um convite, nem uma exposição". Wesley. "assédio sexual não é natural, é crime!" Agatha. "Assédio é violência, respeitar é legal". Gustavo. "A culpa é do assediador, não da vítima". Miguel. "para elas a rua é um campo de batalha". Josué. "devemos ser uma equipe, não assediadores".

As crianças saem e vão para casa, e Maria acaba ficando sozinha, brincando de amarelinha; e sem ela perceber, um homem estranho, de preto e usando máscara, se aproxima e tenta chamar a atenção de Maria; o homem estranho puxa o braço de Maria com força, que acaba ficando avermelhado, mas Maria consegue fugir e ir para sua casa atrás de sua mãe para contar a ela o que aconteceu.

Quebra de tempo... Maria estava voltando do trabalho e passando por um bar, e lá perto, tinha umas pessoas estranhas nos postes olhando-a de cima a baixo. Maria acaba ficando desconfortável por estar de saia. As pessoas tentam chamar a atenção dela, falando pequenos gracejos e insultos, assoviando, até que uma pessoa se aproxima e pega no braço de Maria e fala: – Ei, gatinha! Passa seu número!!!

Um homem se aproxima empurra aquele estranho e tira Maria de lá. Enquanto eles andam pela rua, o homem que salvou Maria fica diferente e bate nela, que com medo tenta correr o mais rápido possível, mais acaba indo para um local sem saída e escuro. Cai no chão e acaba desmaiando.

No dia seguinte vai até a delegacia e pede ajuda, mas o que eles fazem? Absolutamente nada! O que eles falam? Está, mas que roupa ela estava usando? Então, com tudo isso, Maria fica muito triste, então vai às ruas e faz um discurso: – Eu não aguento mais isso! Será que eles não entendem que eu posso escolher com que roupa andar?!?! Que uma saia não é um convite!? MINHA ROUPA NÃO E UM CONVITE!!!, quando eu era pequena nem mesmo minha mãe acreditou em mim! – Pessoas marcam a Maria de vermelho – eu era só uma criança! Quando eu fui na polícia o que eles fizeram absolutamente nada, o que eles falaram: "está, mas que roupa você estava usando?". Será que eles não percebem que o assédio veio antes da minissaia e que isso magoa mais. Acho que eles não sabem que ASSÉDIO É CRIME!!

TEMPOS DE FANTASIA

Este texto se inspirou em um forte imaginário mítico. Ele procurou traçar as linhas do poder entre as pessoas e suas barreiras na busca da construção de uma sociedade preocupada com o coletivo. Nessa fantasia simbólica se projeta o hiperindividualismo, caminhando cada um para seu lado sem perceber o quanto essa atitude é destrutiva. Este texto foi produzido em parceria pelas meninas Estephane Gales e Jade Nascimento, respectivamente com 13 e 15 anos.

Há muitos anos atrás, quando tudo era paz e quando todos os reinos viviam em harmonia em um só lugar, em um jardim luminoso banhado de alegria, onde lobos viviam ao lado de elfos e eles não se odiavam, fadas e bruxas não viviam em guerra, e deuses não se achavam os melhores.

"Um dia, ninguém sabe o porquê, mas o rei dos demônios, Kaido, decidiu juntar todos de seu clã e tramou um ataque surpresa a todos do jardim. Ocorreu um verdadeiro massacre, porém, ao invés de se juntarem para irem contra Kaido, todos foram uns contra os outros.

Os poucos que sobraram se separaram com os seus clãs e se esconderam com medo de mais um ataque separando o mundo em classes, onde um reino não fala com o outro, uma cidade tem medo da outra. Nós, fadas, nos escondemos nessa floresta para nos proteger, ela é segura".

PRESENÇA

Você foi chegando
Eu tranquilo, livre, certo de mim,
Presente em mim, sensível à vida.
Você entrando discretamente, em mim ficou,
Certo de mim, presente em mim, livre, sensível.
Você, presença em mim.
Ondas vivas de amor em todo meu ser
Coração tomado, você presença em mim.
Ausência de mim, você dividida,
Ausência de mim quanto maior presença de você.
Razão de busca, coração viajante ao encontro do amor
Coração revolto em busca da liberdade
Coração brilhante fervilhante se arroja para a vida plena;
Explosão… Presença…
Presença de mim em você
Presença de você em mim, presença…

COMO EU ME DESCUBRO NO ESPAÇO

Durante todo tempo, a conquista de meu espaço foi altamente desafiadora, seja em casa, seja na rua, seja em lugares públicos ou privados de aglomeração social. Para mim, foi altamente revelador o conhecimento em meu entorno. Por vezes, me dava conta de minha fragilidade, ao perceber limitações a solucionar.

A falta da visão me obrigaria fatalmente a usar todos os recursos disponíveis, explorando os quatro sentidos remanescentes: tato, olfato, paladar e audição. Acresce a esses quatro sentidos, um outro pouco conhecido, que nem todos os cegos percebem: a percepção da memória vestibular, aquela resultante de memórias referenciais de direção e de proximidade. Isso ocorre quando você passa lado a lado a uma árvore, a um poste, a um carro, por exemplo, ou frente, por proximidade, a um obstáculo semelhante aos referidos antes. Isso me conferiu, certamente, algum poder de autonomia, ao potencializar a minha percepção de cada um desses sentidos.

Embora sabendo de nossa condição gregária inerente a todos nós, seres humanos, há períodos em que ora a solidão ora a solitude predominam e me obrigam a conviver com elas.

Em casa, à noite, os objetos parecem ter vida se movimentando diante do leve toque. Isso me é familiar. As cadeiras com rodas mais parecem se deslocar acintosamente. Qualquer ruído em volta me deixa inquieto, e em suspense, como que a esperar algo, nesse ambiente perturbador. Em seguida, retomo minha calma, ao me descobrir com inteireza e me localizar no espaço.

Mesmo só, ligo as luzes e as mantenho acesas durante algum tempo, dando a entender aos vizinhos a presença de gente acordada em casa. Nada acontece ou existe nela que eu não tenha consciência plena de como as coisas funcionam, desde a posição dos interruptores que mantém a luz acesa ou apagada até ao funcionamento e posição de qualquer objeto ou aparelho.

A luz acesa ou apagada de qualquer dos cômodos pode ser percebida pela posição dos interruptores hora em posição vertical ou horizontal cuja inclinação servirá de referência para constatar uma luz acesa ou apagada.

Na condição de transeunte, a circular pelas calçadas altamente esburacadas, e por vezes fétidas, pela proximidade de valas abertas de esgoto, reconheço ficar inseguro em um perímetro urbano nada acessível, diante de espaço tão acidentado, portanto excludente.

Em meu trajeto livre e descomprometido, exploro com precisão os lugares por onde passo, apesar da ausência, em grande maioria das ruas, em nossas pistas de pisos táteis.

Cada espaço tem seu aroma e perfil ambiental próprios. São de fácil reconhecimento agências bancárias, postos de gasolina, centros de saúde, lojas de departamentos, supermercados, hortifrútis, farmácias e muitos outros espaços, cada qual com suas características peculiares, mais ou menos identificáveis. O reconhecimento desses espaços me tornam empoderado, capaz de uma maior mobilidade.

Voltando ao ambiente doméstico, penso que é no mínimo insólito viver em um apartamento, em um prédio com dezenas de moradores, e, cada vez que entro e saio no elevador, me sentir como se fosse o único morador, já que poucas vezes encontro vizinhos, com os quais mantenho uma relação fria com um monossilábico "bom dia, boa tarde e boa noite". Os moradores me veem, imaginam que ali moro, mas eu mal os conheço.

Esse quadro incômodo me dá uma ideia de que vivo encapsulado por de trás de paredes intransponíveis. Some-se a tudo isso as assembleias de condomínio profundamente conflituosas e belicosas!

O que ainda me deixa indignado são todas as barreiras, sejam atitudinais, arquitetônicas, afetivas, morais, éticas ou de qualquer outra natureza. Isso impede a qualquer ser humano de ter o mínimo de qualidade de vida. E isso diz respeito a qualquer pessoa que queira viver com dignidade e saúde mental.

TEMORES E FRAGILIDADES

Um medo não declarado parece asfixiar a atual paisagem humana, onde se movimentam oito bilhões de indivíduos.

O Armageddon nuclear paira sobre as cabeças, prestes a desabar como a espada de Dâmocles, ceifando a cultura e extinguindo a vida no planeta. As enfermidades cruéis esgotam as resistências, patrocinando a incerteza entre os viventes.

A roda-viva do mercado parece girar em favor apenas dos espertos e astutos, agravando a desigualdade e deixando de lado as massas famintas e esgotadas pela miséria demolidora. A marginalidade se amplia e multiplica seus efeitos, seja pelo contingente das populações de rua, vagando sem rumo, seja pelos grupos insurgentes, cobrando, agressivos, da sociedade o que lhes é supostamente devido.

A arte se exibe em painéis com cores fulgurantes enganosas, revelando uma outra face sombria, onde a paranoia de muitos avilta o sentido ético e estético das expressões do que ainda resta de humano, e da leveza, abandonando o foco sadio das produções. Do espectro místico, se desnuda uma religiosidade, o conflito latente, a ponto de atingir os limites do absurdo, patrocinando a luta armada entre pessoas das mais diversas crenças exponenciadas por algoritmos hostis.

Quando não descem ao terreno das disputas militares, fazem-se Caim e Abel de pelejas teológicas, erguendo suntuosos impérios de fé cega e interesses mercantis, onde o vil metal e o cifrão ditam os rumos da dominação das massas aturdidas e desorientadas pelos discursos com capa de benemerência.

Vive-se um tempo de caos e sem qualquer referência, mais ou menos deliberado das instituições, fragilizadas por abalos patogênicos, capazes de acarretar enfermidades emocionais no seio das sociedades em estupor de dimensões inimagináveis. Apesar das notáveis conquistas científicas em diferentes campos, notadamente na ciência médica, onde a flora microbiana tem sido aniquilada por potentes remédios e vacinas avançadas, nenhuma medicação se apresenta capaz de erradicar o medo, desidratar a ansiedade e a depressão, e esvaziar as múltiplas angústias que ora devastam o íntimo do indivíduo. Nos corredores sombrios da depressão jazem milhões de seres, homens e mulheres, em estado de paranoia maniqueísta.

O vazio existencial tem debilitado outros milhões. O pânico, a inquietação íntima, as carências de toda ordem parecem estabelecer conluio pernicioso, prenunciando o extermínio da busca do equilíbrio e da esperança a ser alcançada.

A literatura de autoajuda inocula em aterrados leitores uma sustentação superficial, como se houvesse uma receita para o bem-estar, que se resumisse a dietas milagrosas, corpos sarados e contínua fuga das responsabilidades. A busca incessante pela adrenalina, pelas festividades ruidosas e pelas noitadas de luxúria tem produzido uma geração de presente desalentado e caótico, refém de um futuro incerto ou prisioneira de um passado perdido.

A desconstrução desse quadro leva o indivíduo à afirmação de seu autorreconhecimento e à recuperação de sua identidade, enquanto ser inteiro e livre, possuidor de sua integral autoestima, em face de seu grupo. Definitivamente, há que afastar a chamada Síndrome do Impostor, sendo menos rigoroso consigo mesmo. Essa é a chave a ser virada para a reconstrução individual.

CAPÍTULO 5

A TRAVESSIA

ATESTADO DE VIDA

A vida, uma trajetória desafiadora! Tudo sem pressa.

Para os que dizem que sou idoso, direi: sou vindouro, sou futuro, dono de uma maturidade juvenil, e resistirei o quanto puder, por mim, por você, por nós! Ainda estarei por aqui, apostando na longevidade viril, empoderado de meu ser, com leveza e suavidade ao terno dispor do meu e do seu corpo, enquanto tiver consciência de meu ser e sentir o palpitar de meu órgão vital!

Enquanto as minhas mãos souberem fazer uma carícia; enquanto puder estender meus braços, para me enlaçar à cintura da mulher admirada, querida; enquanto sentir o fogo abrasador do desejo; enquanto a minha boca souber guardar a sete chaves um segredo; enquanto o meu coração alimentar a esperança, deixando escapar um leve sorriso ao encontrar-se com a dor; enquanto as minhas palavras me saírem dos lábios com a marca do coração em febre reparadora; enquanto eu continuar sentindo aquela vontade vigorosa de escalar montanhas; enquanto eu permanecer com a ousadia da prática de grandes cavalgadas; enquanto reverberar em mim, o desejo de me sentar à sombra, à beira de um lago, para repor as energias perdidas; enquanto eu me sentir capaz de me lançar na correnteza, sem medo e seguir em frente; enquanto eu puder me defrontar, mantendo as velas, seguindo a direção dos ventos, ainda que contrários; enquanto eu me mantiver firme no meu rumo, sem desvios de rota; enquanto eu estiver de posse de minha vontade, livre para a escolha de meu destino e senhor de meu tempo; enquanto eu mesclar prazer com momentos de encanto, burburinho com melodia, regurgitamento com Vida plena; enquanto eu perceber e distinguir fantasia de realidade; enquanto eu resistir ao estigma de idoso, abrirei espaço para o sonho, como ser vindouro, ainda dono do futuro a ser desfrutado.

Então, meu perfil juvenil florescerá, desconstruindo a ideia do acabado, do finito, reconstruindo e projetando a ideia real de vida renovada e fervilhando a cada dia.

CAMINHOS DA LIBERDADE

Talvez a liberdade tenha sim um preço. Um preço alto de coragem e ousadia que nós pagamos. Está justamente aí todo o mérito de cada um. O Renato Russo tem uma música, pouco conhecida, que tem uma frase da qual eu gosto muito: "quem pensa por si mesmo é livre. E ser livre é coisa muito séria". E eu diria, profunda.

Nós não temos uma noção da dimensão exata do que seja essa liberdade, por isso ela tem valores distintos para cada um de nós. Aí me lembro de outra frase de um poema de Cecília Meireles: "A liberdade é uma palavra que o sonho humano alimenta, que não há ninguém que explique, e ninguém que não entenda". Viver com autonomia não é fácil. Isso nos confere desafios diários, os quais temos de vencer.

Mas como escreveu Albert Einstein, "uma mente, quando se expande, jamais volta ao seu tamanho original". E o caminho da independência é um caminho sem volta, e quem busca, vai querer cada vez mais, porque de uma coisa eu tenho certeza: a autonomia vale a pena. Os desafios dela decorrentes nos ajudam a crescer, aprender, dão mais solidez à nossa vida.

E esse crescer, esse aprender possui uma força irreversível, irresistível, sem qualquer limite, a não ser pelo balizamento do limite ético, ditado pelos princípios universais das duas categorias básicas reinantes da democracia, fundada na liberdade de escolha dos caminhos a percorrer, por vezes, tortuosos, porém superáveis, nos valendo de nosso poder internalizado.

LIÇÕES DE VIDA

As pessoas são temporárias nas nossas vidas. Todas!! E todas se vão exatamente no momento que deveriam ter ido.

Não adianta chorar nem reclamar, se é o momento de elas irem embora, elas vão.

Crescer, muitas vezes, significa se sentir sozinho.

As pessoas que você tem ao seu redor têm um impacto direto em como você se sente. Se elas não estão te fazendo bem, por que continuar ao lado delas?

Pessoas que você nunca imaginaria que sairiam da sua vida, na maioria das vezes saem. E não tem problema.

O seu bem-estar deve vir sempre em primeiro lugar.

Ajudar os outros te faz crescer como pessoa.

Você nunca conhece alguém tão bem quanto pensa que conhece. E saber disso é o primeiro passo para não se decepcionar.

Os problemas do mundo não são seus para você carregar nas costas. As injustiças do mundo não são culpa sua. Trabalhe para atenuá-los, mas não se culpe se não conseguir.

Às vezes você vai sentir falta de pessoas que te machucaram. Não tem problema. Isso significa que elas foram importantes na sua vida e que você soube amá-las.

Aprenda a perdoar.

Você vai crescer, e vai se distanciar cada vez mais da pessoa que já foi um dia. Certifique-se de que você está se distanciando na direção certa.

Trezentos e sessenta e cinco dias podem mudar muita coisa.

Lutar pelo que você acredita vai lhe trazer muita dor de cabeça e muita decepção, mas é extremamente necessário. Não desista.

Não se compare com os outros. A vida não deveria ser uma grande competição entre quem é mais bem-sucedido, bonito ou popular. Cada pessoa tem seu brilho próprio. O sucesso de uma pessoa não significa o seu fracasso.

Gaste o dinheiro que você ganha com experiências, não com coisas materiais.

Não coloque sua felicidade nas mãos de outras pessoas. Elas vão derrubar. Elas sempre derrubam.

Aprenda a admitir que está errado, quando estiver.

Tente não se preocupar com o que os outros pensam de você.

SE IMPONHA. Não tolere o desrespeito e não tenha medo de dizer o que você pensa.

Se informe antes de opinar sobre qualquer assunto. O mundo não precisa da sua opinião em todos os assuntos.

Não importa o que você faça ou diga, as pessoas vão sempre acreditar no que elas querem acreditar.

Aprenda a escolher as suas batalhas. Existem coisas que simplesmente não valem a pena.

Não desista, tem sempre alguém se inspirando em você.

Comece hoje aquele projeto que você tem em mente, ou comece a aprender a tocar aquele instrumento que você sempre quis, ou aquele idioma que você sempre quis falar, ou comece hoje a juntar dinheiro para aquela viagem que você sempre quis fazer. Daqui a um ano você vai desejar ter começado agora.

Sentir é o Segredo.

MEDO DE AMAR

Temes mergulhar no sentimento. Por que essa inquietude? Deixa que a emoção te envolva que o coração fervilhe. Permite que teu ato de amar seja fértil. Não há que temer que a centelha se acenda e abrase teu coração. Ela transformar-se-á em um vulcão. Essa labareda é tão incandescente que é capaz de acordar esse vulcão, mesmo adormecido.

Não há o que temer. Deixa ele nascer, florescer, cuida dele, afaga-o, protege-o. Agora, és responsável por ele, deixa que ele guie teus passos, as tuas ações e emoções. Te abrirás para a vida, te sentirás invencível. Cairás, levantarás, te machucarás, sentirás dor, mesmo assim, ressurgirás das cinzas ante as pedras do caminho.

Aí, realmente, reviverás, amarás plenamente. Mesmo só, possuirás alegria. O amor surgirá vivo, sem medo, livre.

PENSAR É TRANSGREDIR

Não lembro em que momento percebi que viver deveria ser uma permanente reinvenção de nós mesmos — para não morrermos soterrados na poeira da banalidade, embora pareça que ainda estamos vivos. Compreendi, num lampejo: então é isso, então é assim.

Apesar dos medos, convém não ser demais fútil nem demais acomodado. Algumas vezes é preciso pegar o touro pelos chifres, mergulhar para depois ver o que acontece: porque a vida não tem de ser sorvida como uma taça que se esvazia, mas como o jarro que se renova a cada gole bebido.

Para reinventar-se é preciso pensar. Isso aprendi muito cedo. Apalpar, no nevoeiro de quem somos, algo que pareça uma essência: isso, mais ou menos, sou eu. Isso é o que eu queria ser, acredito ser, quero me tornar ou já fui.

Muita inquietação por baixo das águas do cotidiano. Mais cômodo seria ficar com o travesseiro sob a cabeça e adotar o lema reconfortante: "Parar para pensar, nem pensar!". O problema é que quando menos se espera ele chega, o sorrateiro pensamento que nos faz parar. Pode ser no meio do shopping, no trânsito, na frente da tv ou do computador.

Simplesmente escovando os dentes. Ou na hora da droga, do sexo sem afeto, do desafeto, do rancor tóxico, da lamúria vitimizante, da hesitação e da resignação letárgica. Sem ter programado, a gente para, para pensar.

Pode ser um susto: como espiar de um berçário confortável para um corredor com mil possibilidades. Cada porta, uma escolha. Muitas vão se abrir para um nada ou para algum absurdo. Outras, para um jardim de promessas. Alguma, para a noite além da cerca. Hora de tirar os disfarces, aposentar as máscaras e reavaliar: reavaliar-se.

Pensar pede audácia, pois refletir é transgredir a ordem do superficial que nos pressiona tanto. Somos demasiado frívolos: buscamos o atordoamento das mil fantasias, corremos de um lado a outro achando que somos grandes cumpridores de tarefas. Quando a primeira iniciativa seria de vez em quando parar e analisar: o que nós somos, o que fazemos com a nossa vida, o tempo, os amores. E com as obrigações também, é claro, pois não temos sempre cinco anos de idade, quando a prioridade absoluta é dormir abraçado no urso de pelúcia e prosseguir, no sono, o sonho que, afinal, nessa idade ainda é a vida.

Pensar não é apenas a ameaça de enfrentar a alma no espelho: é sair para as varandas de si mesmo e olhar em torno, e quem sabe finalmente respirar. Compreender: somos inquilinos de algo bem maior do que o nosso pequeno segredo individual. É o poderoso ciclo da existência finita. Nele todos os desastres e toda a beleza têm significado como fases de um processo.

Se nos escondermos num canto escuro, abafando nossas indagações, não escutaremos o rumor do vento nas árvores do mundo. Nem compreenderemos que o prato das inevitáveis perdas pode pesar menos do que o dos possíveis ganhos. Os ganhos ou os danos dependem da perspectiva e possibilidades de quem vai tecendo a sua história.

O mundo em si não tem sentido sem o nosso olhar, que lhe atribui identidade; sem o nosso pensamento, que lhe confere alguma ordem, contra a qual com frequência nos rebelamos. Viver e morrer, é recriar-se: a vida não está aí apenas para ser suportada nem vivida, mas elaborada. Eventualmente reprogramada. Conscientemente executada. Muitas vezes, ousada. Parece fácil: "escrever a respeito das coisas é fácil", já me disseram. Eu sei. Mas não é preciso realizar nada de espetacular, nem desejar nada excepcional. Não é preciso nem mesmo ser brilhante, importante, admirado.

Para viver de verdade, pensando e repensando a existência, para que ela valha a pena, é preciso ser amado; e amar; e amar-se. Ter esperança; qualquer esperança. Questionar o que nos é imposto, sem rebeldias insensatas, mas sem demasiada sensatez. Saborear o agradável, mas aqui e ali enfrentar o que a vida possui de tóxico. Suportar, se dobrar, tal qual o junco, não se quebrar, submeter, aceitar sem se humilhar, entregar-se sem renunciar a si mesmo, a sua dignidade. Resistir e sonhar, do contrário a vida não valerá mais a pena. Refugiar-se, na liberdade do pensamento, desse espírito de manada que trabalha obstinadamente para nos enquadrar, seja lá no que for. E que o mínimo que a gente faça seja, a cada momento, o melhor que afinal se conseguiu fazer.

Que a cada momento que confrontarmos nossos fantasmas possamos vitoriosamente, diante de um brinde, dizer: vivamos nós!

EU, MÚLTIPLO E ÚNICO

Desde tenra idade passei a me buscar, me interiorizando, pedindo desculpas por tudo que fazia, ou não fazia. O olhar e julgamento do outro me perturbavam, sem que eu encontrasse saída para essas barreiras, que afinal eu próprio criava, graças a minha baixa autoestima.

Floria o menino, se revelava o adolescente e aí eu passava a criar uma couraça protetora, que me permitisse fazer surgir como um ser único e múltiplo, em um mundo diverso que me permitisse uma fuga de mim mesmo.

Chegou a vida adulta, e eu despreparado para enfrentá-la. Então, decidi tomar coragem e desconstruir os entulhos que impediam minhas ações, me rebelando contra o estado de coisas que negavam minha afirmação como ser individual.

Hoje me pus à procura de situações que definissem meus caminhos, mas as definições são limitadoras, nos tornam pessoas estáticas, rígidas, nos param no tempo e no espaço, nos modelam, e nos restringem a sentimentos que não queremos ter (ou ser) para sempre. Por isso prefiro a dinâmica de poder ter ou possuir a capacidade do sentir, do pensar, do agir do modo que entender, sem me justificar para ninguém.

Por todas as hesitações que passei, não me curvei, não me moldei. Segui, ao contrário do carvalho, a trajetória do junco que se dobra, mas não se quebra.

Prefiro a liberdade de poder me reinventar para o mundo e perceber que, mesmo que ele gire depressa, não conseguirá me acompanhar, pois sou turbilhão, sou como água fluente que passa em instantes feito uma corrente que se renova, retratando o pensamento de Heráclito, que nos traz o exemplo do fluxo contínuo, renovador da água.

Sou empoderado, com a vontade incontida de me renovar a cada dia, sou a descontinuidade do tempo, sou a contradição incontrolável e imprevisível, sem qualquer roteiro. A intensidade no ato de viver me toca, me afeta (para o bem e para o mal, em uma visão maniqueísta). E se não valer a pena, serei indiferente a tudo que não mereça a minha reação.

Posso não ser a melhor companhia, mas sempre serei o melhor que posso oferecer. Posso não ser um fim em mim mesmo, mas a transgressão na direção de um ponto de partida.

Posso não ser exemplo, mas sempre serei crescimento e renovação exponencial em busca de minha liberdade. Posso não satisfazer a quem me circunda, mas que seja o bastante para satisfazer meu ego. Esse sou eu, entre vícios e virtudes, aqui desnudado!

QUE EXPERIÊNCIAS VOCÊ TEVE

Já exerci múltiplos papéis, já embarquei no inimaginável, ser criança madura, ser adolescente irreverente, ser adulto inocente.

Já me queimei brincando com vela. Já fiz bola de chiclete e melequei todo o rosto, já fiz barquinho de papel e arremessei no colega, já conversei com algo que parecia estar à minha volta, e até já brinquei de ser bruxo.

Já quis ser astronauta, levantar voo, ser presidente de uma nação, fazer mágica.

Já me escondi atrás da cortina e esqueci os pés para fora, já passei trote por telefone, já tomei banho de chuva e acabei me viciando. Já roubei beijo apesar do não resistente. Já confundi sentimentos. Já peguei atalho errado e andei pelo desconhecido.

Já raspei o fundo da panela de sopa de ervilha, já me cortei fazendo a barba apressado, já me emocionei, ouvindo música quando sozinho.

Já tentei esquecer algumas pessoas, mas descobri que essas são aquelas quase impossíveis de se esquecer. Já me peguei, no fluxo do prazer até o orgasmo, sonhando acordado.

Já subi em árvore para roubar fruta. Já caí da escada de bunda. Já fiz juras eternas, já risquei o muro da escola, já chorei escondido, sentado no chão do banheiro. Já simulei fugir de casa para sempre, voltando no outro instante.

Já corri para não deixar alguém chorando. Já fiquei sozinho no meio de mil pessoas, sentindo falta de uma só.

Já senti o sol forte no meu rosto pelo amanhecer, e percebi o entardecer, ao sentir o sol se afastando.

Já fiquei ao redor da piscina, com ímpeto de me jogar nela. Já me deparei na cidade em expansão e mesmo assim não encontrei meu lugar.

Já senti medo de algo que diziam ser do escuro, que nem conheço. Já tremi de nervoso sem ter explicação.

Já quase morri de amor, mas renasci, ressurgi das cinzas. Já acordei no meio da noite e fiquei com medo de levantar.

Já apostei em correr descalço na rua, já gritei de euforia incontida. Já roubei flores num enorme jardim. Já me apaixonei e achei que era para sempre, era apenas uma quimera! Sempre pela metade.

Já senti a inquietude da noite com o bater forte da chuva na janela, já deitei na grama de madrugada e vibrei com os sons vivos da manhã.

Já chorei por ver amigos partindo, mas descobri que logo chegam novos, e a vida é mesmo um ir e vir sem razão.

Foram tantas coisas feitas, momentos registrados pelas lentes da emoção, guardados num baú, chamado coração. E agora um formulário inoportuno me interroga, me encosta na parede e grita: "Que experiência você teve?". Essa pergunta ecoa no meu cérebro: experiência... experiência.... Será que ser plantador de afetos é uma boa experiência? Sonhos!!! Talvez eles não saibam ainda colher sonhos! Agora gostaria de indagar uma pequena coisa para quem formulou esta pergunta: experiência definitiva? Quem a tem, se a todo o momento tudo se renova, tudo se retoca?

TRIBUTO À VIDA

Após ser deixado por meus pais em casa de parentes, fui em seguida desafiado a viver outro ambiente. Tal como contara, vivi, em determinado período, em zona rural, cercado de oportunidades concedidas pela natureza.

Durante o período de férias. Lá eu iniciava uma aventura de novas descobertas; novos instrumentos, novos tijolos e azulejos iriam compor minhas novas construções. Por lá, não havia praia, mas os horizontes eram infinitos. Fui compelido a escrever essas memórias a pedido de uma amiga que estudava a alfabetização de cegos.

Letras de madeira: alfabeto da natureza.

Este é um pedaço do que vivi e senti. Este é um alfabeto que escreve belas imagens em minha imaginação no alto-relevo, que dispensavam o visual em busca de um concreto palpável. Não quero apenas recordar, mas recompor a mim mesmo. O que senti intensamente jamais esqueci.

Eu fui uma criança repleta de oportunidades sensoriais motoras. Organizava meus brinquedos, construía meus carrinhos, serrando madeira, pregando, montando as peças de que necessitava para compor a forma final, com a ajuda de meus primos e alguns amigos.

Vivi em ambiente simples, porém livre de protecionismo, livre para criar, imaginar minhas estradas, por onde arrastaria meus caminhões carregados de pedaços de madeira, a carga que reproduzia a vida, o trabalho de meu pai, que viria a encontrar mais tarde.

O trabalho era-me estimulado pelo exercício, pela exploração do ambiente construído pelas ferramentas e pela capacidade imaginativa que podíamos lançar ao real, replicando a vida dura que levava meu pai, em terra estranha.

Eu, cego, e meus primos, dotados de visão, com aproximadamente 10 a 11 anos, íamos a mais de mil metros na beira de um rio apanhar caixas e caixas de argila para moldar nossas obras de pequenos artífices. Trazíamos aquele peso todo sobre uma carreta chamada de galeota: uma caixa sobre duas rodas, com duas ripas laterais, unidas na outra extremidade. Era puxada pelo mais forte até o espaço da nossa fábrica artesanal de aventuras, próximo a nossa casa.

Ali, eu punha-me a alisar e bater horas e horas os tijolos que ergueriam as paredes do nosso fogão. Precisávamos de um fogão com chapa e chaminé para secar os pelotes de argila que encheriam nossos bocós. E bocós cheios no ombro, estilingue bem-feito na mão representavam poder de ação e status junto ao grupo de dois ou três amigos da vizinhança.

Lembro-me de quantos insucessos, pois o tijolo, quando levado ao fogo, muitas vezes quebrava-se. E resolvi construir as paredes do fogão de uma vez só. Apliquei fogo internamente, torcendo para não aparecerem as rachaduras. Claro que elas surgiam na segunda ou na terceira tentativa. O fogão já continha uma chapa de uma tampa de tonel e servia para ferver água. Ali, já fazíamos café e chá.

O fogão não podia ficar desprotegido. Ali, erguemos uma casa enorme de madeira. Era um espaço de 1,50 m por 3,00 m e 1,70 m de altura. Havia porta, cobertura com caimento, assoalho, tudo de madeira, tudo cortado, pregado por nós. Lembro de uma queda de cima da cobertura: caí de costas no chão e perdi o fôlego. Achei que fosse morrer. Sobre os acidentes, posso contar as lições em outra oportunidade.

Mas minha infância é apenas o ambiente de fundo para explicar minha habilidade para assimilar a escrita braille já nos primeiros dias de aula.

Aos oito anos e nove meses, fui levado à escola pela primeira vez. Tudo era novo: a escola, a professora, o material; o braille, a reglete, o punção.

Como vimos, não seria mesmo necessário explorar outros materiais como fontes de estimulação tátil ou para organização mental dos elementos que compõem a matriz do Sistema Braille.

Parece que havia conhecimento prévio suficiente para iniciar a escrita, a leitura, como caminho inevitável do abandono da manipulação grosseira de argila, carros de madeira, estilingue que cercavam minhas mãos, movendo minhas ações em todo ou quase todo período anterior à escolaridade.

As pelotas de argila que enrolava aos montes ganhavam o valor simbólico de anteceder pequenos pontos que viriam a ser, mais tarde, letras e palavras que fundidas poderiam formar pequenas ideias. Meu brinquedo de caçar, atirar com meu estilingue converter-se em símbolo para eu capturar as ideias e transferi-los dos pensamentos da imaginação para a escrita, podendo ser apreendido, contado, apreciado, tal como se fosse uma conquista de minhas investidas em alvos cantantes e voadores.

A repetição, as persistências levavam-me a preencher folhas e folhas com letras e palavras, pois imperava o princípio do fazer para se incorporar ao cérebro como segunda Natureza.

Assim fiz. Nada de recurso paralelo. Tratava-se de escrever e ler, ler e escrever. E os mágicos pontos ganhavam vida, poder de pensamentos, um recurso para demonstrar como cada um podia se diferenciar em ideias, em capacidade de comunicar e de entender os problemas que nos eram apresentados. Pouco havia de contextualização, pouco significado atribuído a possíveis mudanças em nossas vidas, com o conteúdo que se nos apresentava. Focados na tarefa de ler e entender, escrever e ser entendidos, não nos ocupávamos com discussões políticas. Não tínhamos consciência que podíamos reivindicar melhoria de qualidade de nossa alimentação, por exemplo. Considerávamos que tudo estava certo e que assim deveria continuar. Vivíamos sob a lógica da criação, submetida aos limites do "real imutável". Vivíamos enxergando uma certa "naturalidade doméstica" em nossas rotinas.

Preciso recuperar minha gratidão às doces professoras, entre outras a zelosa professora Cândida, nas mãos de quem as minhas tocaram as primeiras palavras escritas. Sob seus cabelos longos e fartos, teci as primeiras experiências de amarrar um sapato. Em sua companhia diária, eu acalentava os primeiros sonhos, imaginando o que seria uma moça bonita.

Mas ainda no primeiro ano escolar, fui acolhido pela enérgica professora Custódia, uma mestra rígida, determinada a fazer valer suas ideias, sua cultura. Alegrava-se ao detectar meus acertos em matemática, minha disciplina nos cálculos com o cubaritmo.

O cubaritmo era seu ícone de expressão da lógica matemática concreta. Esse instrumento funcionava como recurso de cálculo. Mas ele também se orgulhava de seus conhecimentos em história mundial, sua intelectualidade.

Não posso deixar de mencionar que Custódia quase me considerava um filho, mas bem depois de não ser mais minha professora.

Mas fora José Bonifácio que praticamente conjugara esses papéis: professor e tutor. Bonifácio, quase todo dia, trazia lições extras para que eu fizesse individualmente, além daquelas propostas para a turma de quatro ou cinco alunos. Outro diferencial era que conversávamos sempre sobre vários assuntos. Era, então, um conselheiro, um contador de histórias, um organizador do conhecimento da humanidade em pequenos trechos para minha compreensão.

O professor Odilon, um fenômeno na oratória, um leitor e escritor de excelência, um amante da poesia e da pessoa humana, transmitira-me o desejo de tornar-me, um dia, professor, tal qual ele era.

Sempre animado, altivo, ético, inspirava-nos a ler com entusiasmo os textos, as histórias. Provavelmente, construíra em mim as raízes para escrever. Mas a oratória brilhante transmitia-nos um tal poder que nos projetava para além de onde estávamos.

Esses mestres mencionados foram os primeiros professores cegos a nos dar referência sobre o valor do conhecimento, o valor da Escola na solidificação de uma carreira futura.

Posteriormente, no Instituto Benjamin Constant, no Rio de Janeiro, outros colegas cegos, outros professores vieram a compor nossa rede de conexões, nossas referências para legitimar nossas escolhas.

Lembro-me do orgulho do companheiro Bonifácio em ser um dos poucos brasileiros aptos para escrever braille em inglês, o braille abreviado. Ele cultivava um amor platônico por uma professora e, como de praxe, nunca o revelara a ela.

Nesse misto de cognição e linguagem, diálogos, histórias, jogos de futebol, dominó, futebol de pino, baralho, compúnhamos nossa identidade, elaborávamos nossos sonhos para o futuro.

Leitura e escrita em braille eram canais para expandir nossas ideias, alimento para nossos diálogos, energia para sustentar nossos projetos, fogo adolescente para constituição de uma vida adulta próspera e segura.

Estudávamos e brincávamos; racionalidade e afetividade se conjugavam alternando nossas certezas e nossas ilusões, nossas percepções. Tato, audição, palavras e movimentos eram nossos instrumentos que acessavam nossos livros, nossos amigos ou professores, os mais experientes, as ações que viriam a dar vida a nossa existência, ao nosso presente e plantar sementes para algo ainda distante no futuro.

Eis que todos esses personagens se revelam vivos em mim, ditando minhas crenças, minhas pequenas intervenções no mundo.

A meta de confeccionar um estilingue

Estilingue é um instrumento de uso não ecológico, não ético para nossos tempos.

Mas podem ser percebidas muitas lições: o corte linear da borracha, o corte do couro, a perfuração, a amarração. O sucesso começa na escolha do galho de árvore que será preparado para esse fim.

Eram muitos critérios observados. Por exemplo, o tamanho da abertura da forquilha precisa ser compatível com a mão do usuário.

O tamanho das borrachas precisa ser adequado ao comprimento do braço. Nós gastávamos horas e dias na busca do material que preenchesse nossos critérios de qualidade: a ergonomia e a usabilidade.

Não éramos apenas adultos pequenos. Éramos crianças livres para criar um mundo adequado às nossas necessidades.

Quando ia jogar bola com amigos e primos, negociava e "exigia" que a regra fosse alterada: todo atacante deveria chutar a bola rasteira, de tal modo que produzisse ruído para que eu pudesse ouvir e defender. Eu jogava como goleiro.

Penso hoje no sacrifício que lhes impunha: se chutassem pelo alto, perdiam toda a jogada!!! O gol não valia. Hoje, eu sei que era um ônus, mas este representava um critério de "igualdade" de condições, logo podia haver competição.

Hoje, eu chamaria essa adequação de ergonomia pedagógica, quando os professores propõem mudanças no modo de ensinar e de aprender para melhor adequação e valorização das capacidades de cada um dos alunos.

CAPÍTULO 6

VIAGEM PELO ESTIGMA

NAVEGANDO POR CAMINHOS TORTUOSOS

Abordagem incômoda

Final de expediente... A bordo do elevador, dou o mergulho vespertino diário, desfazendo o caminho da manhã (do vigésimo quarto andar para o térreo)... na rua tomo o rumo do metrô.... Faço o percurso diário num trem relativamente cheio e razoavelmente confortável.... Estação de Botafogo, meu destino. O guarda que me recebe na plataforma, apesar de educado, denota, pela forma de abordagem, tratar-se de um novato na função... – Boa tarde, senhor, fez uma boa viagem?! O inexperiente funcionário me deixa após as catracas... subo os degraus da escada e procuro a rampa de descida, a qual me levará a saída do metrô, deixando-me assim, na minha rua... enquanto busco a rampa, duas senhoras, caminham atrás de mim... conversam em voz baixa... as vozes me sugerem duas venerandas senhoras... E as duas conversam... e a conversa me chega num tom baixo e um tanto lacônico... – Você vai ajudá-lo?! Silêncio... -- Cuidado, uma vez fui ajudar um assim como ele, e.... ele tentou me agarrar! Silêncio...

– Está procurando a rampa?! – Sim... (silêncio) – Por aqui, venha comigo... oferece-me o braço... agora voz e textura da pele, confirmam os anos avançados...

Já no corredor, que me deixará na calçada da minha rua, agradeço:
– Obrigado, senhora...

Caminho no corredor... Percebo as duas venerandas senhoras caminhando atrás de mim... continuam a conversa... – Coitado... isto é provação! – Lá vem tu com estas conversas... ele mora aqui na rua... Fontes, o guarda da rua, conhece ele... é cego... Mas é estudado... e tem um bom emprego...

Na esquina, viro à direita rumo ao meu edifício...

No chuveiro, enquanto a água e o sabonete operam no corpo triturado pela rotina do dia, o pensamento continua fixado na frase de uma das velhinhas: – Cuidado, uma vez fui ajudar um assim como ele, e.... ele tentou me agarrar!

... Por dez milhões de "Bartimeus"... quem teria sido o "calhorda"?! Teria sido ele?!

Pelos "bagos" do Tirésias! Nem os " anos" de uma vetusta e, quem sabe, honrada senhora, o desalmado respeitou...

DIREITO DE COMPRA

Mãe e filha vão a uma loja de departamentos, visando renovar o seu guarda-roupa. Iniciaram fazendo pequena exploração de algumas peças que acharam interessantes. Elas encontram vestidos de cores vibrantes e blusas estampadas.

Feita a pequena exploração, elas chamam a atendente, que vai lentamente na direção delas. Elas manifestam vontade de levar a roupa escolhida. Em face da escolha, a atendente sentencia que as roupas são muito caras, ao que a mãe retruca, mas nós queremos levar essas escolhidas por nós. Atendente insiste, "mas, senhora, na minha opinião!...". Em seguida a filha, "por favor, chame o gerente". "Por quê?". Em seguida a mãe pede para fazer o que a filha está pedindo. "Nós não pedimos sua opinião a respeito das roupas". A atendente virou as costas e desapareceu, dizendo: "Façam o que quiserem".

Quando elas estavam saindo da loja, apareceu um empregado. "Por favor, o que desejam?". A mãe olhou para a filha e respondeu ao empregado: "Dessa loja nada mais". Seguiram o caminho de saída da loja.

A sociedade continua generalizando e julgando pela aparência biofísica. As duas eram mulheres negras.

LUGARES COMUNS E PRECONCEITO

Pela madrugada, saindo de casa, no subúrbio onde eu morava, caminhava eu rapidamente na direção do ponto do ônibus que me levaria até o metrô. Durante a caminhada, por todas as pessoas que ao meu lado passavam, eu dava o meu bom-dia. Em certo momento, fui abordado por uma senhora que me perguntou: "Vai passear?". Respondi: "Não, vou trabalhar". Após essa pergunta, fui submetido a um longo interrogatório, tipo: onde trabalho, como é no trabalho, se eu vivo sozinho, como consigo isso etc.

No momento de pedir para que fizesse sinal para o ônibus que eu iria tomar, ela desapareceu!

Finalmente uma outra pessoa no ponto atendeu a minha solicitação e consegui tomar um ônibus que me conduzia até o metrô.

Uma vez chegando ao metrô, o guarda que me abordou disse que próximo de onde estávamos tinha uma escada rolante, mas que era melhor para mim tomar o elevador, embora fosse mais distante. Eu lhe disse que não haveria problemas em pegar a escada rolante. Ele mostrou contrariedade e teimou comigo que era melhor pegar o elevador. Enquanto isso perdíamos tempo, já que o metrô chegou e eu perdi, tendo que esperar o próximo.

PRECONCEITO CENTENÁRIO

Uma mulher em casa passou mal devido a problemas na gravidez. Ela estava perdendo muita água e sofrendo cólicas fortíssimas! Ela havia atingido quatro meses de gestação. Diante disso, a mãe providenciou a ida imediata da filha a um hospital público.

Lá, aguardou algumas horas e, após esse tempo de espera, foi finalmente atendida pela obstetra, que diagnosticou de imediato um trabalho que levaria fatalmente a um aborto. Em torno da enfermaria, onde a gestante estava sendo atendida, havia um bochicho, de servidores do hospital, dizendo se tratar de um aborto deliberado, por parte dessa mulher.

A obstetra iniciou um interrogatório, evidenciando uma certa desconfiança em relação as intenções da gestante, que protestou com veemência diante de tais julgamentos: "Não, doutora, eu quero ter esse filho! Não vim aqui para fazer aborto nenhum!". A mãe da gestante protestou igualmente: "Minha filha está sendo acusada e julgada por algo que não pretendeu fazer!".

O marido, presente, fica indignado e pergunta: "Qual a razão desse juízo de valor? Só porque elas são negras e pobres? Esse hospital é público. Deve tratar bem a todos indistintamente!".

Obstetra: "Minha filha, nada mais pode ser feito. Não existe criança! Para evitar qualquer infecção, vamos ter que efetuar um procedimento de curetagem do local, visando a retirada de qualquer resíduo inflamatório".

Esse foi o tipo de um final trágico produzido por um preconceito centenário.

EXPRESSÕES DEMOLIDORAS

Determinadas passagens do cotidiano acabam sendo uma demonstração viva do quanto de estrutural está consolidado em nossos preconceitos, fenômenos vivos de barreiras atitudinais reproduzidas psíquica e socialmente.

Senão vejamos o quanto de demolidoras são algumas expressões:

"O pior cego é aquele que não quer ver".

"O que os olhos não veem o coração não sente".

"Prenda suas cabras que o meu bode está solto".

"Mulher no volante, perigo constante".

"Negro quando não suja na entrada, suja na saída".

"Hoje vamos fazer um programa de índio", essa é uma depreciação clara de uma ação a ser realizada, dita por um presidente.

"Mulher feia não merece ser estuprada".

"O que seria do amarelo se não fosse o mau gosto", categoria conceitual que não resiste a qualquer análise científica.

"Hoje o tempo não está bom, está escuro e chove".

"Negro só é gente quando dentro do banheiro alguém bate na porta e ele responde: tem gente".

"Não tenho nada contra homossexuais. Afinal, eles são muito educados".

"Não tenho nada contra negros, só não casaria com eles".

"O melhor movimento da mulher está no movimento de seus quadris e suas coxas".

"Em vez da mulher se preocupar em se equiparar ao homem no trabalho, deveria estar cuidando da casa, do marido e dos filhos".

"Toda mulher deve se preocupar em procriar por sua vocação para a maternidade, e não para a prática do prazer do sexo".

CAPÍTULO 7

NARRATIVAS DO COTIDIANO

A BARRIGA DO PADRE

A barriga do padre de Pelotas crescia cada vez mais. Descartada a hipótese de cirrose, os médicos concluíram que seria melhor realizar uma cirurgia exploratória, já que era preciso fazer alguma coisa.

A cirurgia mostrou que era um mero acúmulo de líquidos e gases, e o problema foi sanado. Porém, alguns estudantes de medicina estagiários resolveram aprontar e, quando o padre estava acordando da recuperação pós-cirúrgica, colocaram um bebê em seus braços. O padre, espantado, perguntou o que era aquilo e os rapazes disseram que era o que havia saído de sua barriga.

Passado o espanto e tomado de intensa ternura, o padre abraçou a criança e não quis mais se separar dela. Como se tratava do filho de uma mãe solteira que morrera durante o parto, os rapazes se empenharam para que o padre ficasse com a criança. Os anos se passaram e a criança se transformou num homem, que se formou em medicina.

Um dia, o padre já velhinho e sentindo que estava chegando sua hora de partir chamou o rapaz e disse: – Meu filho! Tenho o maior segredo do mundo para te contar, mas tenho medo que fiquei chocado. O rapaz, que já havia intuído do que se tratava, disse, compreensivo: –

Já sei. Adivinhei há muito tempo. O senhor vai me dizer que é meu pai, né? – Não, sou tua mãe! Teu pai é o bispo do local!

A RELAÇÃO HOMEM E MULHER

Você certamente preferiria encontrar um príncipe a um sapo, não é? Claro, dentre os conceitos que definem um homem, o de príncipe é bem mais atraente e interessante do que o de sapo. O primeiro refere-se àquele gentil, carinhoso e romântico, enquanto o segundo aponta para aquele esquisito, desatento e, por vezes, até irritante!

No entanto, como todo conceito fechado, este também merece uma reflexão, e o quanto antes, para evitarmos mais buscas ilusórias, expectativas frustradas e, por fim, desencontros desastrosos! Será mesmo que existem os homens que são príncipes e os que são sapos? Se sim, nesta mesma medida, deve haver então as mulheres que são princesas e as que são "pererecas", certo? Não! Errado! Nem uma coisa, nem outra!

Podemos começar a desconstruir esse raciocínio admitindo que todos nós, tanto homens quanto mulheres, somos príncipes e princesas, mas também sapos e pererecas! Afinal, em alguns dias, estamos bem-humorados, divertidos, leves, atraentes e encantadores. Enquanto em outros estamos tensos, tristes, impacientes e até repelentes.

Isto é ser gente. Existir em todas as possibilidades e nuances. Transitar entre a luz e a sombra e descobrir, neste caminho, a possibilidade de amadurecer e se tornar melhor. E tudo isso acontece inclusive enquanto nos relacionamos; enquanto buscamos um amor ou durante a vivência dele. E tudo bem… Não há nada de errado em se permitir ser tudo isso. O problema começa quando o conceito só é dado a si mesmo e não ao outro.

Pessoas que desejam encontrar e se relacionar somente com príncipes ou com princesas, que não conseguem acolher o sapo e a perereca que existe em cada homem e em cada mulher, certamente vai se decepcionar e amargar, repetidas vezes, aquela sensação de que sempre escolhe a pessoa errada. Será? Será mesmo que existem pessoas erradas e pessoas certas? Ou seria mais inteligente se encarássemos a todos com quem nos relacionamos como uma imperdível e exclusiva oportunidade de aprender algo novo?

Além disso, esta reflexão também pode ser um desafiante convite para que você exercite mais a sua porção príncipe ou princesa, exatamente como sabe fazer – e muito bem – toda vez que deseja conquistar alguém. Gentileza, carinho, atenção, paciência, saber ouvir, ceder, presentear, mimar, entre outros, são pequenas atitudes cativantes sempre muito bem-vindas e fazem toda a diferença no seu dia a dia e no seu relacionamento, embora não eliminem definitivamente a sua porção sapo ou perereca!

No final das contas, o grande desafio do amor, para todos nós, é tentar, todos os dias, encontrar o equilíbrio na relação. Se seu par acordou sapo, calibre o ambiente com sua parte princesa e vice-versa. E lembre-se de que, como numa equação matemática, o mais importante é que, ao passar a régua, o saldo seja sempre positivo. E isso quer dizer que se você tem se relacionado mais como sapo ou perereca do que como príncipe ou princesa, algo precisa ser feito, urgentemente! Caso contrário, como se diz popularmente, a fila anda… porque o reinado precisa funcionar!

DESEJO ARDENTE

Satânico é o meu pensamento a teu respeito e ardente é o meu desejo de apertar-te em minhas mãos, numa sede de vingança incontestável pelo que me fizeste ontem à noite. Era quente e calma, e eu estava em minha cama quando, sorrateiramente, te aproximaste, encostaste o teu corpo no meu corpo nu, sem o mínimo de pudor. Percebendo a minha aparente indiferença, te aconchegaste a mim e me mordeste sem pudor e escrúpulos até nos mais íntimos pontos do corpo. Eu adormeci. Hoje, quando acordei, procurei-te numa ânsia ardente, mas em vão.

Deixaste no meu corpo e no lençol provas irrefutáveis do que entre nós ocorreu durante a noite. Esta noite recolho-me mais cedo para, na mesma cama, te esperar. Quando chegares, quero-te agarrar com toda a avidez e força. Quero apertar-te com todas as forças das minhas mãos. Não haverá parte do teu corpo em que meus dedos não passarão. Só descansarei quando vir sair o sangue quente do teu corpo. Só assim me livrarei de ti, mosquito filho da mãe.

FELIZ DIA DO POBRE

Olha aqui, se você já se viu nas seguintes situações: cortou uma calça para fazer short. Teve que enrolar o tubo da pasta de dente até o fim. Aproveitou a roupa de um parente. Lambeu a tampa do iogurte. Usa garrafa pet para colocar água. Colocou Bombril na antena da TV. Tomou cerveja em copo de requeijão. Esquentou a ponta da caneta esferográfica para ver se ela voltava a funcionar. Andou pendurado na porta do ônibus. Colocou maiô ou biquíni e tomou sol na represa, na laje ou atrás da casa. Correu atrás do guarda-sol na praia gritando: "Pega! Pega!". Entrou de loja em loja perguntando os preços e disse que estava só dando uma olhada. Fez jogo de futebol com os times "camisa" e "sem camisa". Ficou balançando lâmpada queimada para ver se ela voltava a funcionar. Foi ao trabalho de bicicleta e disse que era só para manter a forma. Secou tênis atrás da geladeira. Recebeu visita e mostrou a casa toda. Decorou vaso com flor desidratada. Guardou cerveja ou refrigerante com a colherzinha dentro pendurada para não perder o gás. Comprou carro novo e não tirou os plásticos para dizer que era novo. Amarrou cachorro com fio de luz. Lambeu a ponta da borracha para apagar erros. Correu a casa inteira com chinelo Havaianas na mão atrás de barata. Usou pregador de roupas para fechar saco de arroz, açúcar etc. Copiou modelo de roupa na vitrine para depois fazer em casa. Colocou algodão na árvore de Natal para dar efeito de neve. Passou cuspe no cotovelo para amaciar. Guardou sobras de sabonetes para depois fazer uma bola só. Convidou amigos para um churrasco do seu aniversário e pediu para cada um trazer uma coisa (linguiça, carne, carvão etc.). Consertou tira da sandália Havaianas com grampo de cabelo ou prego. Dançou lambada com a sogra e passou uma rasteira na velha e mandou para a videocassetada do *Faustão*. Enfeitou a estante da sala com lembranças de casamento. Usou fio dental e depois cheirou para saber se o dente estava podre. Tirou cera do ouvido com a chave do carro ou com a tampa da caneta. Fez a barra da calça com fita crepe. Saiu correndo e se matou para pegar o ônibus que já estava saindo do ponto. Subiu na laje para mexer na antena e ficou gritando: "Melhorou?". Guardou cueca furada para passar cera no carro. Entrou na loja de R$1,99 e quis achar um presente legal. Foi ao restaurante e, antes de pedir a comida, perguntou se aceitava ticket.

Vai dizer que você nunca fez uma dessas?????

Parabéns!!!

Feliz dia do pobre!!!

A ARTE DO SILÊNCIO

Certa vez, um homem tanto falou que seu vizinho era ladrão, que o vizinho acabou sendo preso. Algum tempo depois, descobriram que era inocente. O rapaz foi solto e, após muito sofrimento e humilhação, processou o homem/vizinho.

No tribunal, o homem/vizinho disse ao juiz:

– Comentários não causam tanto mal...

E o juiz respondeu:

— Escreva os comentários que você fez sobre ele num papel. Depois pique o papel e jogue os pedaços pelo caminho de casa. Amanhã, volte para ouvir a sentença!

O homem/vizinho obedeceu e voltou no dia seguinte, quando o juiz disse:

— Antes da sentença, terá que catar os pedaços de papel que espalhou ontem!

— Não posso fazer isso, meritíssimo!

Respondeu o homem.

— O vento deve tê-los espalhado por tudo quanto é lugar e já não sei onde estão!

Ao que o juiz respondeu:

— Da mesma maneira, um simples comentário que pode destruir a honra de um homem, espalha-se a ponto de não podermos mais consertar o mal causado. Se não se pode falar bem de uma pessoa, é melhor que não se diga nada! Sejamos senhores de nossa língua, para não sermos escravos de nossas palavras. Nunca se esqueça:

    Quem ama não vê defeitos...

    Quem odeia não vê qualidades...

    E quem é amigo vê as duas coisas...

A MULHER DO VIZINHO

Contaram-me que na rua onde morava um conhecido e antipático general de nosso Exército morava também um sueco cujos filhos passavam o dia jogando futebol com bola de meia.

Ora, às vezes acontecia cair a bola no carro do general, que um dia acabou perdendo a paciência. Diante da repetição, ele pediu ao delegado do bairro para dar um jeito nos filhos do sueco.

O delegado resolveu passar uma chamada no homem, e intimou o vizinho, um industrial sueco, a comparecer à delegacia. O sueco era tímido, meio descuidado no vestir e pelo aspecto não parecia ser um importante industrial, dono de grande fábrica de papel, que realmente ele era.

Obedecendo a ordem recebida, compareceu em companhia da mulher à delegacia. Lá ouviu calado tudo o que o delegado tinha a dizer-lhe.

– O senhor pensa que só porque o deixaram morar neste país pode logo ir fazendo o que quer? Nunca ouviu falar numa coisa chamada AUTORIDADES CONSTITUÍDAS? Não sabe que tem de conhecer as leis do país? Não sabe que existe uma coisa chamada EXÉRCITO BRASILEIRO que o senhor tem de respeitar? Que negócio é este? Então é ir chegando assim sem mais nem menos e fazendo o que bem entende, como se isso aqui fosse casa da sogra? Eu ensino o senhor a cumprir a lei, ali no duro: *dura lex*! Seus filhos são uns moleques! Outra vez que eu souber que andaram incomodando o general, vai tudo em cana. Morou? Sei como tratar gringos feito o senhor.

Tudo isso com voz pausada, se reclinado para trás, sob o olhar de aprovação do escrivão. A um canto, o sueco pediu (com delicadeza) licença para se retirar. Foi então que a mulher do sueco interveio:

– Era tudo que o senhor tinha a dizer a meu marido?

O delegado apenas olhou-a espantado com o atrevimento.

– Pois então fique sabendo que eu também sei tratar tipos como o senhor. Meu marido não é gringo, é cidadão, nem meus filhos são moleques. Se por acaso incomodaram o general, ele que viesse falar comigo, e tudo seria resolvido. Saiba que o senhor está nos incomodando com sua arbitrariedade. E fique sabendo que sou brasileira, e, para seu governo, sou prima de um major do Exército, sobrinha de um coronel, E FILHA DE UM GENERAL! Morou?

Estarrecido, o delegado só teve forças para engolir em seco e balbuciar humildemente!

– Da ativa, minha senhora?

– Sim.

E ante a confirmação, voltou-se para o escrivão, erguendo os braços, desalentado:

– Da ativa, Motinha! Sai dessa...

CAPÍTULO 8

DESAFIO DE NOSSOS TEMPOS

HOMEM EM CONSTRUÇÃO

Substantivo; forma; adjetivo; conteúdo; artigo e preposição, contração e descontração, expansão de vida; pronome, o grande sinal; verbo, advérbio, interjeição, ação, plenitude e explosão do grande coletivo, o homem em permanente busca de realização.

Homem, por definição, um complexo contraditório possuidor e possuído de ideias e sentimentos, sofrendo os efeitos das grandes perplexidades.

Homem, sujeito e objeto da própria história, com o passado ampliando e limitando o presente; com o passado e presente ligados projetando o futuro.

Homem, eu e você desconhecidos íntimos; exclusivistas e solidários; pragmáticos e idealistas.

Homem, insatisfeito no mundo estático, buscando a contínua transformação, quer conquistando o mundo externo, pelas ciências, quer se redescobrindo a si mesmo, pela capacidade de admitir erros e controlar atos.

Homem, singular de existência plural, porque o isolamento conduz ao nada.

Homem, presença física, química e biológica, presença inteligente da natureza para a vida.

Homem, complexo na sua simplicidade, cresce como crescem as coisas que cria e transforma e, transformando, se enriquece e se renova, superando-se passo a passo. Homem que se renova, e se renovando, se transforma e se supera.

Homem, o ser pensante único e múltiplo: dominador, apoia-se, engendrando sistemas, na avassaladora exploração do semelhante, como dominador e dominado, gerados por um elemento comum: a fraqueza.

Homem, o ser sensível: do primeiro vagido ao último suspiro, busca a sua identidade. Busca emocional sem freios, consumada com a força da vida e sua lógica.

Pensar, sentir e agir, momentos integradores do contraditório e complexo simples, homem concreto.

Homem, vida plena, realidade e sonho, ponto de interrogação; estação de parada. Na memória do trajeto, certezas e dúvidas, temores, indecisões, clareiras, conquistas.

Homem, em busca de sua verdade ainda que inconsequente: própria, problemática, incoerente, inacabada, transgressora, livre!

Homem, superlativo transitando no cosmos, elemento negativo, coisificado quando número e nome num cadastro; elemento afirmativo quando pessoa total, no exercício de múltiplos papéis: opressor e oprimido em luta.

Homem, relativo absoluto, elemento dialético, tese e antítese em busca da síntese, novo ponto de partida.

Homem, a grande utopia!

Homem, a esperança em gênero, número e grau.

Homem, a grande construção em ponto futuro, sem limites, sem ponto final, vida em explosão.

ALERTA À HUMANIDADE

PREZADA HUMANIDADE,

Por amá-la tanto quanto a mim próprio, pois um faz parte do outro, deixo a você esta carta. Creia em seus alertas ou duvide deles, mas o tempo dará a última palavra. Dessa escolha depende a estagnação, a prosperidade ou a decadência humana. Dito isso, garanto:

Cada nação deve extinguir os sistemas fechados às mudanças assim que possível, até que não restem mais vestígios desses sistemas. Igualmente, afirmo que qualquer linha político-econômica aplicada até hoje, ao menos do modo como se fez, represente o caminho ideal. Mas enquanto as mesmas oportunidades não forem realmente ofertadas a todas as pessoas, enquanto classes sociais reforçarem a ideia de um indivíduo superior ao outro, você jamais atingirá sua plenitude.

Toda boa construção deve contar com uma base sólida, e a educação é a sua base. Para que suas gerações futuras prosperem, boas sementes devem ser plantadas o quanto antes. Afinal, quanto mais tarda o plantio, mais distante a colheita, e menos fértil a terra pode se tornar.

Enquanto você se achar no direito de julgar seu semelhante, será incapaz de olhar plenamente para o seu próprio eu e aprender consigo mesma. Por isso, a pena de morte é tão inaceitável quanto o pior crime segundo a sua justiça, e o criminoso que lhe parecer mais cruel deve sempre receber a oportunidade de redenção, de contribuir com o próximo e, eventualmente, de ser reintegrado ao convívio social tal como antes da constatação de seu crime. Desse modo, inocentes ou culpados poderão encontrar-se no mesmo ponto, ainda que por caminhos distintos, apesar de seus erros ou do erro de quem os condenou.

Por fim, toda e qualquer intolerância ou discriminação impede o seu progresso, assim como distinções de cor, etnia, sexo, gênero, característica física ou biopsíquica. Crença, filosofia ou ideologia devem aprender a conviver em harmonia, sem ferir o próximo, já que ferir o próximo significa ferir a si mesmo. Isso pressupõe que diferentes culturas e visões de mundo devem respeitar umas às outras.

Enquanto você não compreender de fato que a sua maior força, beleza e unidade está na sua diversidade, as nações, como entes coletivos de identidade sólida jamais poderão unir-se em prol de um mesmo fim determinado: a sua prosperidade como um todo. Uma pátria serve apenas a si própria, mas países unidos podem servir ao mundo todo.

ATRAVESSANDO GERAÇÕES

Eles nos chamam de "Velhos": mas nós fomos deixando nosso legado, nós somos presença viva, nós seremos memória e perspectiva, em um livro aberto, disponibilizando saberes.

Nascemos nos anos 40, bebês indefesos. Engatinhamos e demos os primeiros passos. No início dos anos 50, fomos crianças de tenra idade, aprendemos as primeiras letras, os primeiros vocábulos, os primeiros palavrões que reproduzimos de nossos familiares e vizinhos. No final dos anos 50 enriquecemos um vocabulário e nos fizemos entender, brotaram as primeiras ideias, foram semeadas as primeiras contradições de adolescentes, entramos na fase dos porquês sem respostas. A partir daí, tudo correu mais veloz. Pelos anos 60, crescemos em conteúdo e estatura física e mental. Nos rebelamos, buscando nos afirmar e tomarmos consciência do nosso tempo, e assim conquistarmos nosso espaço, nos descobrimos como pessoa, passamos a interagir como ser coletivo. Nos anos 70, entramos no período da maturidade, namoramos, nos relacionamos pelo casamento, ou de outra forma menos usual. Nos anos 80, ousamos em enfrentar desafios, com a chegada de nossos filhos e netos. Durante a década de 90 ingressamos na fase da consciência reflexiva.

Entramos no novo século sob o peso de novas ideias, chegamos na fase do conflito e da resistência em face do choque de gerações. Somos finalmente assaltados pela percepção de que saber é poder, o que nos dá força para romper fronteiras de um novo conhecer.

Parece que vivemos imaginariamente em uma diversidade definida em linhas de séculos e milênios, tal a velocidade e volume das transformações tecnológicas, sociais e comportamentais.

Na área da comunicação, passamos do telefone à manivela a telefone de disco; de tecla ao *touch*; de operadora a longa distância para videochamadas em qualquer lugar do mundo utilizando a internet. Passamos dos retratos pintados às fotos digitais por *smartphone*. Passamos do quadro negro aos projetores com *slides*. Passamos dos discos de vinil para o CD e em seguida *streamings*; das cartas manuscritas ao e-mail e às mensagens instantâneas do WhatsApp. Além da utilização das redes sociais, que passaram a traçar a nossa postura diante da vida, cada uma delas com o seu perfil e objetivo. Tivemos o MSN, Orkut, Facebook, Snapchat, Instagram, LinkedIn, Twitter, TikTok, Kwai, entre outros. Todas essas ferramentas determinaram, positiva ou negativamente, o nosso comportamento. Do rádio à televisão em preto e branco, televisão em cores e, depois, televisão 3D HD.

No segmento da tecnologia, conhecemos os primeiros computadores com seus acessórios, como disquetes, CDs, pendrive, HD, e agora temos tudo em nossas nuvens de armazenamento. Antes a nossa fonte de pesquisa eram enciclopédias em biblioteca física, depois sites de busca e posteriormente IA, que tem provocado a partir de seu uso cada vez mais generalizado instabilidade no mercado de trabalho pela ameaça do descarte da mão de obra humana.

No ramo da moda, usamos vestuários como shorts durante toda a nossa infância e depois calças oxford e calças jeans.

Na saúde, evitamos a paralisia infantil, a meningite, a poliomielite, a tuberculose, febra amarela, H1N1, a chamada gripe influenza e agora a Covid-19 com suas variantes, por meio das vacinas.

Nos transportes costumávamos andar de charrete, patins, triciclos, bicicletas, ciclomotores, carros a gasolina ou diesel, e agora dirigimos carros híbridos ou elétricos.

Pode-se constatar a partir do uso dessas múltiplas ferramentas um avançado processo de automação que nos torna cada vez mais dependentes da máquina.

Sim, já passamos por muita coisa, mas que vida tivemos! Poderiam nos descrever como exemplos, pessoas nascidas naquele mundo dos anos 40, que tiveram uma infância analógica e uma idade adulta digital.

A nossa geração viveu e testemunhou literalmente múltiplas dimensões da vida, tendo que se adaptar a cada momento proporcionado pelas mudanças por um mundo em permanente mutação. Aspiramos muito mais! O nosso querer é o limite! Qual será esse limite?

LOUIS BRAILLE DA UTOPIA À REALIDADE

Reproduzo aqui texto como tributo permanente que fiz a Louis Braille. Ele sempre é atual.

Aí vai homenagem fruto de minha inspiração.

Louis Braille e sua utopia

Conversa íntima com Braille

Louis Braille Figura Permanente por seu legado.

Estimado companheiro Braille! Tudo indica, pelo amanhecer que se afigura, que hoje, o sol, nosso divino astro, se abrirá para nós, nesta parte do planeta!

Dia 4 de janeiro de 1809 você surgiu como energia, fazendo vibrar corações e avivando mentes. Dia 6 de janeiro de 1852 você nos deixou, como ente físico, permanecendo no cosmos para se expandir em forma de energia universal, segundo a crença de alguns, acompanhando, feliz, nossos passos, a caminho de nossa emancipação, para a qual você permanece contribuindo decisivamente.

Pena que você não esteja aqui, visivelmente entre nós, para testemunhar essas conquistas obtidas, com a ajuda significativa do sistema que você criou e que recebeu, por justiça, seu nome.

Pelo seu sistema, aprendemos a escrever, expressando nossas ideias, nossos sentimentos livremente! Nos comunicamos, por leitura em alto-relevo, nos informamos sem que haja fronteiras que nos separem, que nos limitem.

E ainda dizem que você não está mais entre nós! Não! Ledo engano! Você está aqui. Você permanece vivo entre nós! É só embarcar no túnel do tempo e pensar que, pela sensibilidade do tato, tivemos, revelando-se no fluir de nossos dedos, um mundo de profunda diversidade de vasto conhecimento. Tudo isso nos permitiu acesso, desde as primeiras letras, a alcançarmos espessos dicionários, gigantescas enciclopédias, repositórios de uma imensa e plural diversidade de saberes. Por essa ferramenta, livros de profundos conteúdos, que nos transportam para um mundo de imaginação e reflexão.

Some-se a isso a gama de revistas e jornais que vêm influenciar nossas consciências, geração após geração, até chegarmos aos dias de hoje. Por exigência da veloz contemporaneidade, seu sistema beneficamente vem se renovando para retomar seu papel protagonista, que nos permite termos ao nosso alcance informações imprescindíveis. É o caso daquelas colocadas em etiquetas, em rótulos de uma multiplicidade de produtos disponíveis no mercado, nos remédios, nos alimentos, de sinalização ordenada de objetos de uso caseiro e pessoal, a transmissão de recados passados em bilhetes, bem como a disponibilização de uma pluralidade de livros didáticos e paradidáticos, de literatura em quase todas as áreas do conhecimento, que nos têm tornado capazes de conquistar o mundo! Seu legado é infinito e prova sua forte e duradora presença.

Com o surgimento de novas tecnologias, visando facilitar o nosso desempenho individual, social e profissional, os grupos mais fatalistas afirmam que seu sistema tem os dias contados, já que não sobreviverá às transformações vertiginosas trazidas pela agilidade dos recursos da informática! Novamente, ledo engano!

A história desmentirá certamente essa afirmação, já que o seu sistema sobreviverá, cumprindo seu papel de se perpetuar junto às novas gerações.

O recurso da leitura e da escrita, disseminando conhecimento, em coexistência pacífica, e de forma renovada, lado a lado com a modernidade incontestável dessas ferramentas, trazidas pelas novas tecnologias digitais, que não podem substituir o seu sistema de escrita e leitura. Podem certamente ser um elemento complementar, alternativo e facilitador em nossa trajetória de realizações, jamais significando a sua negação.

Você, Louis Braille, e seu sistema, tão genialmente engendrado, tendo como base seis pontos ao alcance das mãos, subsistirão, pelo uso em nossa prática cotidiana, em nossa lembrança viva, pela presença em etiquetas, em rótulos de produtos a consumir, em cadernos de nossas anotações, em bilhetes de recados dados e recebidos, em singelas declarações de amor.

Por tudo isso, me dirijo a você, Louis, para expressar no dia de hoje, prodigalizado pela natureza, dia 4 de janeiro de cada ano pelos tempos afora, quando completamos mais de dois séculos de seu nascimento, em nome de toda a nossa coletividade de pessoas cegas de todos os continentes, por seu caráter universalista, a minha mais profunda manifestação de gratidão e meu sincero sentimento de apreço, por sua decisiva contribuição pela conquista da coletividade cidadã e protagonista de pessoas cegas.

Palavras, não as tenho mais, já que o que sinto ultrapassa em muito a dimensão deste evento, verdadeiro divisor de águas em nossa história de descobertas, como pessoas afirmativas e seres coletivos! Das primeiras letras tateadas aos bancos universitários, sinto, Louis, a sua indelével e inspiradora presença, pois ela se confunde com o sistema tão sabiamente criado por você, talvez inspirado por aquele capitão, seu conterrâneo, Charles Barbier, que à época criou um código tracejado em relevo para se comunicar com seus soldados, repassando para você tal novidade que passou, a partir dali, a inspirá-lo e a habitar seu pensamento. E foi assim que em 1825 você percebeu que o poder de criar não tem limites, ao desvendar o segredo dos saberes pela exploração do tato.

Certamente esse acontecimento levou a sua força criadora a imaginar que o próximo passo era o de colocar em prática um novo sistema a ser percebido pelos dedos, de modo a permitir a conquista de nossa maior autonomia, a caminho de uma inclusão real, proporcionada pelo acesso à informação de todas as pessoas cegas.

Viva o braille! Vivamos todos nós, pessoas cegas ou não, perseguindo sempre uma melhor qualidade de vida!

CARTA PARA A MINHA VELHICE

Então, quando você envelhecer, tenho algumas dicas:
Nunca ensine nada a ninguém, mesmo se você tiver certeza de que está certo.
Lembra de como isso o incomodou?
Você mesmo seguiu o conselho dos mais velhos?
Não tente ajudar, a menos que seja provocado e lhe dê prazer.

Não se imponha a ninguém.

Não tente proteger insanamente seus entes queridos dos chamados infortúnios do mundo.

Apenas ame-os.

Não reclame sobre sua saúde, sobre os seus vizinhos, sobre seu governo e sua aposentadoria.

Não se transforme em um velho desagradável.

Não espere gratidão e reconhecimento daqueles que lhe sucederem.

Lembre-se: não existem filhos ingratos, existem pais iludidos que esperam gratidão dos filhos.

Não diga frases como:

"Eu não te disse?".

"Eu te dei os melhores anos de minha vida".

"Eu na sua idade..."

"Eu sei mais porque sou mais velho!".

(Isso é insuportável!)

Não desperdice seu dinheiro em tratamentos antienvelhecimento.

É inútil!

Melhor gastá-lo em lazer.

Evite muita vaidade.

Não se iluda.

Tente ser o mais elegante possível, nos modos e nos sentimentos.

Mais elegante e não mais jovem.

Creia: melhor assim...

Se você ainda tiver uma companhia, cuide, mesmo que ela se torne rabugenta, indefesa, enrugada, mal-humorada.

(Pode ser que você também venha a se tornar assim, tal qual ela)

Não esqueça que ela já foi jovem, forte e alegre e talvez seja ela a única que realmente precisa de você.

Não tente acompanhar sofregamente, o tempo todo e a todo custo as novas tecnologias, as notícias do mundo. Pare de querer estudar constantemente algo muito novo.

Ficar para trás é divertido.

Faça o que quiser e puder.

Assuma os seus erros pela vida, mas não se deixe atormentar pelas culpas, elas não existem.

O que quer que tenha acontecido com a sua vida ou com a vida de seus filhos, você fez tudo o que conseguia.

Preserve sua dignidade, em qualquer situação!

Leia muito.

Ler é viajar sem sair de casa.

Una-se a grupos de amigos, jogue baralho, dê risadas, vá à igreja... dance... ouça...

Ria de si mesmo, de suas trapalhadas, de seus erros, de cantar qualquer música com a letra errada...

Aceite seus deslizes, dói menos!

Lembre-se: você ainda está vivo!

Isso é o que importa!

O que nos faz felizes é o que desfrutamos, não tanto o que temos...

(Charles Spurgeon)

PAI, ÍDOLO DO INÍCIO AO FIM

Fui brotado, germinado, nascido. Adquiri forma, cresci, impregnado de religiosidade, batizei, crismei ainda em tenra idade iniciado no catecismo.

Cheguei ao ponto de me dar conta de mim, criança de incerto pertencimento, semeando uma nascente rebelião interna que se insurgia diante de uma flagrante baixa autoestima. Ter tomado conhecimento de meu pai nesse período de vida me deu um certo alento, tal qual me deu o encontro com minha mãe.

Em minha tenra idade fiquei sem eles, que partiam rumo à busca de uma melhor qualidade de vida em outras terras. Pelos meus 6 anos de idade começava uma outra etapa da minha vida, dividida por parte do tempo no campo e outra parte na cidade grande.

No campo, fui marcado por passagens com meus tios e meus avós, período em que assisti, por volta de 1955, à chegada da luz elétrica. Foi um momento de euforia para aquele vilarejo que se encheu de vida com a chegada também da estação telefônica, instalada na loja do meu avô. Nessa loja ele comercializava de tudo para atender a toda população do local. Até mesmo as correspondências do carteiro eram recebidas lá. Por isso mesmo toda a população para lá afluía.

Percorridos alguns anos, entre o começo da minha vida escolar, na cidade, e do meu tempo no campo durante as férias grandes, percebi que tinha muito a ser conquistado.

Cheguei até aqui me dando conta de uma juventude podada, com uma perda a ser reparada com atos de rebeldia contra o que fora de negativo, introjetado.

Já com 14 anos, amanheci, ao florescer da primavera, finalmente liberto, capaz de ensaiar os primeiros passos com autonomia, caminhando para o meu empoderamento, acompanhando os passos de meu pai, a quem deveria seguir como exemplo.

Em todas as manhãs consecutivamente, o cotidiano de meu pai era sair 6 horas da manhã para cumprir suas tarefas na oficina onde trabalhava, voltando somente pela noite. Sua saída matinal era costumeiramente saudada pelos sons vibrantes das maritacas voando baixo!

Antes de minha chegada, a vida do casal era reduzida a um pequeno quartinho, no qual eram feitas as refeições em um fogão jacaré, muitas vezes ainda lembrado nostalgicamente por eles. Minha mãe diariamente cuidava do preparo da marmita de meu pai, que com frequência, no meio do dia, não tendo onde esquentá-la, a descobria estragada, o que impedia sua ingestão.

Por ocasião em que aqui cheguei, eles já habitavam em um pequeno apartamento, onde moramos por muito tempo.

Dias, meses e anos a fio, ele mantinha essa mesma rotina, o que lhe provocou imenso desgaste físico e mental. Esses contratempos não lhe tiravam o apego ao trabalho, por ele, por mim e por minha mãe.

Durante muito tempo nada pude fazer para modificar esse quadro, já que minha vida era estudar, visando construir meu futuro como cidadão. E o fato de ser cego jamais impediu a interrupção dessa minha jornada em direção a novas conquistas.

O fim de semana era destinado ao descanso, lazer e ócio, do qual minha família participava ativamente, com piqueniques à beira da praia, com festas de aniversário, comemoração da Páscoa, festas natalinas, festas de final de ano. Juntavam-se ao meu pequeno núcleo familiar, primos, primas e amigos próximos nessas farras tão prazerosas e tonificantes, em face do dia a dia cheio de pedras pelo caminho a serem removidas.

As conquistas da família ocorreram com muita luta, banhadas de muito sangue, suor e lágrimas, sempre sustentadas por uma profunda esperança de um final confortável. Esse final veio, e deu início a outras etapas igualmente duras para a família.

O nascimento do meu filho encheu a mente e o coração de meu pai de energia e alegria, animando-o novamente ao trabalho. Ele fitava o neto com admiração e deslumbramento. Essa situação não durou por muito tempo, já que uma hemorragia no duodeno, e mais tarde uma doença pulmonar, originária principalmente de seu trabalho profissional que o obrigava a aspirar gasolina, o enfraqueceu gravemente!

Sua garra e persistência no ato de viver contagiavam a todos nós. Fora do tempo de trabalho, mesmo sendo pouco letrado, se agarrava aos livros, possuído de uma incontida curiosidade!

Sua maior satisfação consistia no tratamento que dava a área do reduzido quintal que nós tínhamos, que nos permitia cuidar de uma pequena horta. Cultivando e colhendo frutos, verduras e legumes, entre os quais um corrimão de tomateiros, uma videira, uma abobreira e couve, e no tratamento de pequenos animais, como coelhos e galinhas.

Até hoje ele repercute em minha lembrança como alguém que permanece como ídolo e como uma figura humana com falhas, mas com um rico legado de trabalho inesquecível.

CAPÍTULO 9

O TEMPO DE MATURIDADE

CAMINHOS E DESCAMINHOS

Não há nada mais falso que a verdade única e absoluta, que é tão eterna quanto efêmera.

Sobre ela somente os poetas se expressam, supondo definir o amor.

O amor possui uma trajetória de percepção inatingível, capaz de conjugar coração e mente, quebrados em conflituosos encontros e desencontros.

Os atos de pensar, sentir e agir se interpenetram e se projetam sobre os neurônios, avassaladoramente! Eis a razão por que busco me descobrir, me revelar, expandir e ser plenamente eu em você; nós. Tudo é nada mais que nada! Essa é a única e absoluta verdade plural vinda da prática diária e da substância concreta.

Eis nosso lugar, adornado de complexas contradições. Terra pequena de percorrer, de alcançar fácil, para chegar ou sair, para lembrar ou esquecer, para destruir, colocando algo novo no lugar, ou chorar, por não haver saída.

Terra de heróis fabricados, de glórias exaltadas. Terra de avalanches arrasadoras, ou ondas serenas feito marolinhas.

Mastros trincados pelos ventos bravios, emergindo do mar revolto. Homens partindo e chegando, em um louco vai e vem.

Quisera chorar os vivos! Os mortos estão livres. Pensamentos voam no vácuo. As ordens emanadas da opressão, não hesito em cumpri-las.

É sempre tempo do adiante. Ao meu encontro vem um futuro inquietante! Que futuro? Trombetas do juízo final ecoam fortes; eu, homem, à esquerda de Deus pai, o excluído. Tu, à direita de Deus pai, o preferido. O que sabes sobre mim, se sou invisível? O que sei é que somos um grande enigma, banhados de dúvidas e incertezas! Eis nosso lugar...

CESSA TUDO

Náufrago, perdido, me encontro num sonho em alfa numérico: ao leve arranque do motor, tudo de se querer cessa; ao longo do seco asfalto, ao som do arranque dos motores e ideias, se contaminam, se poluem; e apesar do trepidar da máquina, o sonho insiste em ficar. Quer até deitar raízes, fazer aflorar o amor; e na reta que parece sem fim, breve tudo se desfaz em nada. Poeira se ergue e turva o sonho; tudo mais se confunde nela, tudo enfim ficou para trás. Ao afrouxar leve da marcha, dou-me conta de que nada restou; e nem aflorou o amor; num sonho em alfanumérico; de tudo de se querer, cessou.

DESPEDIDA

É o momento... Tão esperado e tão pouco desejado. Aceitar a despedida é ameaçador. Fomos lutas, brigas tolas, Sorrisos em disfarce desculpas como fuga, alegrias eufóricas. Crescemos. Fomos vida. Vivemos sentimentos intensos. Investimos no encontro e estamos curtindo a perda. A perda inerente a cada encontro... O transitório que é tudo.... Convivendo conosco, nos damos conta do quanto dos outros ficou refém dentro de nós. De tudo é o ponto de partida, é o recomeço.

Exatamente.

Sinal aberto, carros passando.

Dentro dos carros, em meio ao tumulto,

Pessoas se abraçam, se beijam,

Se amam, se odeiam

A vida é exatamente assim!

Sinal fechado; pessoas passando,

Se vendo, se olhando,

Se evitando, se encontrando, se desencontrando.

A vida é exatamente assim.

A rua deserta! Sem carros passando, sem gente passando, e o mesmo sinal se abrindo e fechando.

E a vida é exatamente assim.

MULHER MADURA

Mulher madura não tem cheiro de flor, tem cheiro de fêmea, cheiro de cio. Mulher madura, não tem frescura, é intensa demais para fazer planos. Se joga nos momentos e vive! Mulher madura não perde tempo com perguntas, ela já tem todas as respostas que precisa. Tudo já está pronto e decidido dentro dela, porque a mulher madura é antes de mais nada resolvida!

Quando se apaixona, pode até ficar dengosa, aparentemente frágil e à deriva... Mas por dentro tem feras soltas, uma couraça protetora, desde a loba, a leoa, a onça, a tigresa. Mulher madura não finge êxtase, não foge por medo ou insegurança. Ela sacia a sede, na boca do seu homem, percorre seu corpo, fazendo magia... Mulher madura não beija delicado, ela morde e absorve até os pensamentos do amado, se enrosca feito lã entre suas pernas e faz teia entre seus pelos se arrepiando de prazer e gozo.

Mulher madura não quer ser santa. Mulher madura quer ser devorada! Mulher madura fêmea faz de seu homem uma figura submissa, refém de seus quereres, propositiva, transgressora, protagonista, dona de sua vontade, no comando se torna impulsiva, impositiva, ditando novos caminhos, modelando o novo homem macho, ambos por apetite de fantasias animais, com tons de leveza mútua!

O NOSSO QUERER

Cessa toda a inquietação diante do mar revolto que espanta, porque outro querer mais forte se levanta! O meu querer encontra seu querer, cada qual, uno e indivisível na sua inteireza, permeável à mistura benfazeja.

Amar não é negar a si mesmo! Se automutilar, renunciar! É, sim, ar e fogo luminoso, ato de misturar, somar, trocar, dividir, compartilhar, numa carga recíproca, desejar ardentemente, é síntese! Eu quero você livre, inteira como ser soberano em pleno querer, porque eu e você, libertos, seremos nós, únicos, ligados por um elo de afeto intenso e duradouro. Você e eu somos mistura, puro afeto, carga simbiótica no bem-querer.

RECOMEÇAR

Recomeçar é desfazer a bagagem, seguir mais leve, se livrar dos pesos desnecessários. Recomeçar é derrubar as velhas paredes rachadas, jogar fora os velhos retratos pendurados na parede para construir uma nova história.

Recomeçar é abandonar as velhas ideias, abrindo o leque para as concepções contemporâneas, livres de resíduos fétidos.

Recomeçar é desconstruir a opressão que nos submete.

A receita do recomeço leva ingredientes simples, encontrados facilmente dentro de nós: amor-próprio, dignidade, determinação no querer, força interna, poder na defesa dos ideais, nada mais. Muitas vezes recomeços podem até ser difíceis de construir, mas o esforço e a superação sempre valem a pena.

Não tenha medo de se expor e se despojar do velho "eu". Ao contrário disso, deixe espaço livre para uma nova versão de você vir à tona, aquele "eu interior" cheio de virtudes que há dentro de você e só espera pelo seu esforço para surgir e se manter ativo.

SAUDADE

A última Flor do Lácio é única a cultivar a saudade

Expressão de vida, de afeto de calor humanizado

Saudade rima com verdade, com liberdade, com integridade.

Saudade, quisera tê-la por você, ser desejável!

Saudade, senti-la por você seria tão bom, mas é um mal por estar tão longe, por tê-la tão perto!

Saudade, se sente por quem se admira, por quem se quer, por quem não se pode ter!

Saudade, sentir doloroso, magoado, gostoso! Saudade, tempo futuro de uma companhia, presença, ausência, no sonho, como um símbolo, como uma alegoria! Saudade, sonho e fantasia a cultivar, a desejar, a se alimentar!

Saudade, por que não vens? Porque és apenas imaginada, por que não te tornas concreta.

Porque te apresentas tão abstrata, diluída em algo tão invisível, mas tão próximo!

Saudade, profunda dualidade, palavra que fere, dói, que eu quero ter!

Saudade contida em um segredo explosivo, que se revelado será condenado!

Saudade, por que não te fazes presente? Saudade, o que tu conténs de tão insidioso? A falta sua me faria mal, não seria tão melhor a sua presença, o seu hálito, o seu odor atraente?

Porque tu não deixas que eu sinta e pense, tornando a saudade algo real fazendo derrubar o muro da utopia!

DIAS VIVIDOS

De forma convencional, o calendário nos mostra a possibilidade de trezentos e sessenta e cinco a cada ano.

Antes mesmo que o ano inicie, assinalamos, costumeiramente, os feriados, elegemos o período das nossas férias profissionais, as viagens que desejamos realizar, os cursos que pretendemos fazer. Enfim, idealizamos nossos projetos, o que queremos alcançar nesse período.

Transcorrido o lapso temporal, submetido aos movimentos de translação e rotação da Terra, realizamos uma avaliação, constatando, ao final, as metas alcançadas e aquelas não realizadas.

Às vezes, lamentamos por não termos tido êxito em tudo que queríamos, ou por finalizar o ano sem emprego, ou por termos perdido fisicamente alguém a quem muito amávamos. Ou talvez pela enfermidade que nos chegou, maltratando-nos o corpo ou a mente ou ambos.

Não é raro lamentarmos algo que fizemos, mas, especialmente, algo que deixamos de fazer.

Se quem estava ao nosso lado nos deixou, habitualmente nos surpreendemos lamentando não ter conversado mais, não termos dedicado mais horas ao seu lado, passeado mais, saído juntos mais vezes, simplesmente para andar, para olhar o poente, colher flores. Mentalmente, é comum ficarmos enviando mensagens a esses amores que se foram. E não é raro nos descobrirmos a considerar que deveríamos ter dito muito mais vezes: você é muito importante para mim!

Nesse balanço, também podemos nos dar conta de que os dias voaram, simplesmente se foram, como folhas levadas pelo vento, sem que os tenhamos verdadeiramente vivido.

Afinal, trabalhamos tanto, corremos tanto, fizemos tantas coisas. O que, realmente, valeu a pena? O que valeu como crescimento pessoal? Quantos livros lemos, nesses doze meses? Quantas vezes nos detivemos a olhar para o alto, descobrindo a cara redonda da lua a brilhar entre as estrelas? Quantas vezes andamos pelas praças e nos interessamos por parar um pouco e observar o vento desarrumando a cabeleira das árvores? Quantas vezes, ante um delicado aroma que nos chegou, nos permitimos descobrir de onde vinha e fechamos os olhos para guardar na memória aquele momento que jamais se repetiria, com a mesma intensidade?

Quantas vezes, ante a refeição, admiramos os alimentos espalhados no prato e decidimos por comer, bem devagar, verdadeiramente saboreando cada porção? Quantas vezes sentamos ao lado do filho pequeno e o ficamos observando brincar no seu faz de conta? Ou vimos com ele pela segunda, terceira, décima vez o mesmo desenho, sentindo verdadeiro prazer em ouvir as risadas dele, seu encantamento com os personagens animados? E então, se somarmos todas as horas em que realizamos algo que nos fez crescer, que nos alegrou, que nos constituiu uma verdadeira experiência para ser guardada na mente e no coração? Quantos dias, de verdade, teremos vivido?

O total dessa somatória nos dirá se nosso ano foi regular, bom, ótimo, excelente. Se realmente o vivemos ou somente fomos passando pelas horas, multiplicando as semanas...

Se descobrirmos que foram muito poucos os dias vividos, comecemos, hoje, a mudar nossa forma de ser. Comecemos a viver intensamente cada minuto, cada hora, porque viver é uma experiência inigualável e nenhum minuto volta, nenhuma cena se repete de igual maneira.

SE EU TIVESSE..

Se eu tivesse falado do amor que sentia, se eu tivesse perdoado, aconchegado, se eu tivesse me calado na hora de calar...

Estas são afirmativas que costumam fazer parte dos nossos pensamentos, em alguns momentos da vida. Diante da perda de um ente querido ou no momento em que sabemos estar próxima a nossa partida para outra dimensão, a sensação de que se poderia ter feito muito mais é causa de uma das grandes frustrações do ser humano.

Pensamos que poderíamos ter sido mais cuidadosos nos relacionamentos com os amigos e amores, ter nos doado mais, realizado aquele sonho... Ou, simplesmente, poderíamos ter amado mais.

O que deixou de ser feito dá-nos uma sensação de perda pessoal e uma frustração dolorida. Conveniente seria se vivêssemos a vida sem precisar de um dia empregar essas frases ante situações tão incômodas que demonstram que algo poderia ter sido feito e que agora não mais nos é possível fazê-lo.

Muitas vezes justificamos o abandono de um objetivo por não termos as condições que julgamos ideais para cumpri-lo.

Dizemos a nós mesmos que não temos competência ou o tempo suficiente para fazê-lo, por sermos velhos ou jovens de mais.

Colocamo-nos, com frequência, na condição de depender de algo ou de alguém para agir, quando toda ação depende, muitas vezes, exclusivamente da nossa própria vontade. O segredo é perseguir com solidez nossos sonhos, para que não precisemos repetir: "Se eu tivesse...".

ETERNO APRENDIZ

Com muitos anos passados, eu me sinto um verdadeiro estudante! Um aprendiz de viver! Pelos tempos afora, para mim, acumulei e absorvi lições altamente edificantes, pelo seu rico conteúdo, carregado de reflexões e de indagações instigantes.

Na interação que mantenho com meu filho, aprendi a duras penas que ele sabe de coisas que eu não sei! Esse fato fez pulverizar meu orgulho e minha arrogância. Aprendi que os conselhos que eu lhe daria hoje, quase nunca servirão para ele, já que suas vivências são diversas das minhas. O mesmo ocorreu com os meus alunos e com pessoas de gerações mais novas.

Esse acúmulo de saberes me fez e me faz crescer dia a dia, por seus ricos conteúdos e práticas, enriquecidos, que me forneceram uma sólida ferramenta para enfrentar os desafios mais inesperados que a vida nos reserva.

Diante disso, me disponibilizei a refletir sobre os acontecimentos passados e recentes, tentando contextualizar social e politicamente as manifestações tão diversas de uma população faminta e sedenta de mudanças, cujas propostas parecem tão confusas e mal-acabadas. Elas mais se assemelham a um grito de socorro generalizado, em face da falta de respostas às demandas que se acumulam dos brasileiros aglomerados nos grandes centros urbanos, muitos deles emergidos de áreas rurais, antes super-habitadas, hoje tomadas por aqueles que não plantam: grileiros e posseiros, cujo maior objetivo é o lucro imediato, em face da depreciação predatória do que a terra pode dar. Percebe-se que a consecução desses objetivos pressupõe uma ideologia tendo como princípio e base filosófica a doutrina de que os fins justificam os meios.

Chegando nas cidades, esses grupos marginalizados pela mecanização generalizada do campo buscam uma qualidade de vida que não existe, e se desapontam, descobrindo que vivem agora um grande pesadelo, deixando perder de vista muitos de seus valores e sonhos. Aliás, como um ser urbano, alimentei muitos deles, quando participei da concentração em defesa de princípios democráticos fundados na busca de liberdade, igualdade e fraternidade, nos meados da década de 80, aqueles mesmos princípios que originaram a revolução francesa de 1789.

Para tentarmos entender essas manifestações de agora, que se espalham por todo país, e até mesmo pelo mundo afora, é preciso retroceder no tempo, e não precisa ser muito distante. Esses embates ocorreram e ainda atravessam o século XXI, envolvidos em imensas dúvidas, profundas inseguranças, e justificáveis temores, diante de uma realidade fria, dura de enfrentar. Esse quadro teve como marca a apavorante pandemia iniciada em 2020. Esse período de inquietação e negativismo poderia ter inspirado ações de generosidade e compreensão coletiva, ao contrário do grito de humanismo desejado, o que prevaleceu foi a vontade individualista, o que implicou o aprofundamento das desigualdades sociais, econômicas, políticas e culturais.

O efeito da polaridade política e da seletividade do mercado trouxe como fenômeno predador a destruição de muitos afetos, seja no campo familiar, seja no campo das amizades, implicando incômodos cancelamentos: afinal aquele que pensava diferente de você passou a ser encarado como inimigo, não mais como alguém que pensa diferente. As redes sociais passaram a ter o papel de alimentar a demonização das divergências.

A diversidade entre as pessoas, questões de gênero, de sexo, de características físicas e intelectuais, de raça, de cor, de etnia passaram a imprimir ranço e intolerância tóxica.

A despeito dessas barreiras biopsicossociais, a nossa esperança teima em resistir, com a força benéfica de uma civil saudável indignação, abrindo espaço para uma melhor qualidade de vida. A grande interrogação que fica é: o que esperar de nosso futuro, diante de um quadro presente tão sombrio? Essa resposta somente poderá vir a ser dada por nós mesmos, sempre nos projetando para o amanhã, construído por nosso pensar, sentir e agir.

Na correnteza da vida, somos carregados para longe de nossos sonhos, e o que sempre nos alimenta e nos renova é a esperança do abrir de uma nova página. Sabemos que o ato de ensinar e de aprender faz parte de um único processo de existir com sabedoria. Não façamos da vida um mero e rasteiro jogo, pois nela podemos encontrar o reverso da medalha, campo fértil para lesar e ser lesados.

A vida é um longo caminho, cujo percurso nos transporta para um ponto comum, onde você é mestre e aluno, às vezes ensina, mas todos os dias você aprende. Vamos aprender juntos!

EM BUSCA DE MINHA IDENTIDADE

Em minha trajetória de vida e com o avançar do tempo, me tornei um ser cada vez mais inquieto, mais inconformado com todo tipo de desigualdade. Meu processo de empatia se tornou mais agudo, diante da roda da vida, assumindo proporções preocupantes, em face da continuada ausência de respeito mútuo entre grupos e pessoas, em função das diversidades a serem consideradas. A minha preocupação com o coletivo se aprofundou, sem abandonar o ente individual.

Minha preocupação maior é com o legado a ser deixado a meu filho e meu neto.

Os meus momentos mais inspiradores estão naquilo que a natureza me traz, no frescor e no aroma de eucalipto e lavanda, no balançar de uma rede em uma ampla varanda, no suave roçar de um cachorro em minha perna, na frenética corrida de crianças, no suave afago da minha companheira, no escutar de uma música, dos clássicos e chorinhos ao rock.

Devo registrar, entre minhas conquistas, a concretização de sonhos que viraram realidade. Foi o caso de ter exercido minha profissão com prazer e dignidade. Nela, aprendi mais que ensinei, ao perceber na relação com cada aluno o quanto de suas vivências eu pude absorver. Da mesma forma, acompanho todos os passos de meu filho e meu neto. Pude aposentar-me com relativo conforto e qualidade de vida satisfatória.

Me orgulho de ter conquistado meu espaço na sociedade, sentir o prazer de ver nascer, crescer e acompanhar as vitórias de meu filho e o crescimento físico e emocional de meu neto.

Para meu filho quero deixar o toque da persistência em perseguir meus princípios filosóficos e ideais de ética e práticas de exemplos que o tornem livre dos estigmas e preconceitos, que sirvam de ferramenta para romper todas as predadoras barreiras atitudinais. Me alimento da esperança que ele absorva tudo isso.

Vou contar aqui uma passagem bizarra que ocorreu em meu cotidiano. Durante o ensino médio em um colégio em Copacabana, em pleno período de festa junina, levei uns estalinhos para a sala de aula, espalhando-os pelo chão e pela cadeira da professora que iria dar aula, cada pessoa que pisava se assustava, e a professora, ao sentar na cadeira, sentiu um estalo generalizado entre suas coxas. Foi um rebu! O pessoal desconfiou de quem partia isso, mas nada falou. Um colega me chamou a parte e perguntou: "Foi você? E aí eu respondi: "Eu!? Você acha que eu seria capaz de fazer uma coisa dessas?". Como se pode ver, essa atitude não teve nada de exemplar e não se recomenda que seja imitada.

Como os antigos costumavam dizer, nós nos realizamos quando cumprimos três etapas na vida: plantar e colher um fruto, ter filho e fazer um livro. Os dois primeiros já cumpri, o terceiro estou concluindo. Devo-me considerar realizado? Claro que não, nós somos seres em construção, seres inacabados.

No meu cotidiano, busquei sempre me superar, diante das barreiras atitudinais, no contato intergrupal, pouca acessibilidade no processo de aprendizado em minha vida acadêmica, alguns contratempos na execução das tarefas a cumprir nos locais de trabalho.

Entrando em um processo nostálgico, gostaria de reviver os velhos tempos de piqueniques na praia, de andar pela área rural com meus tios e primos, e ficar mais perto deles, como antes.

Já na condição de longevo e fazendo uma autocrítica, posso apontar aqui algumas mudanças que se operaram em mim: antes eu era extremamente preconceituoso, machista, racista, hoje fiz uma varredura em todo aquele lixo e constato que outros defeitos permaneceram. Ansioso ao extremo, precipitado, chato, por vezes insuportável, porém disposto permanentemente a aprender e me aperfeiçoar.

Falando de minhas perdas: nós temos sempre grandes perdas e dolorosas despedidas! Foi o caso de meu pai, minha mãe, meu avô por parte de mãe, que me deixou quando eu tinha 10 anos, e de outras pessoas que nós perdemos durante a pandemia.

Diante de tudo isso, há que renunciar rapidamente ao luto, substituindo-o pela luta, pelo existir livre em um viver pleno.

CAPÍTULO 10

PERDAS E GANHOS

A DISSEMINAÇÃO DA CORRUPÇÃO

Conforme o dicionário, corrupção é adulteração, deturpação, alteração, deturpação, desvirtuamento, entre outros significados.

Nos dias em que vivemos, muito se tem falado a respeito dela. E pensamos que corrupção esteja intimamente ligada aos que exercem o poder público.

Ledo engano. Está de tal forma disseminada entre nós, que, com certeza, somos poucos os que nela não estejamos envolvidos, de alguma forma.

A corrupção apresenta frequentemente duas faces: aquela do indivíduo corruptor e a do corrompido, não menos importante. Diz-se comumente que só existe o que corrompe porque existe o que se deixa corromper.

Vejamos alguns exemplos concretos dessas duas vias de uma mesma moeda.

Quando fabricamos um produto com qualificação inferior, para alcançar maiores lucros, e o vendemos como de qualidade superior, estamos sendo corruptos.

Quando adquirimos uma propriedade e, ao procedermos a escrituração, adulteramos o valor, a fim de pagar menos impostos, estamos disseminando corrupção.

Ao burlarmos o fisco, não pedindo ou não emitindo nota fiscal, estamos permitindo a corrupção.

É como se houvesse, entre todos, um contrato secretamente assinado no sentido de eu faço, todos fazem e ninguém conta para ninguém.

Com a desculpa de protegermos pessoas que poderão vir a perder seus empregos, não denunciamos seus atos lesivos. Nesse caso estaremos cometendo a omissão ativa que consumará a lesão.

Atos como o do funcionário que se oferece para fazer, em seus dias de folga, o mesmo serviço, a preço menor do que aquele que a empresa a que está vinculado estabelece.

Ou daquele que orienta o cliente, no próprio balcão, entregando cartões de visita, a buscar produto de melhor qualidade e melhor preço, segundo ele, em loja de seu parente ou conhecido.

Esquece que ele tem seu salário pago pelos donos da empresa para quem deveria estar trabalhando, de verdade.

Desviando clientes, está desviando a finalidade da sua atividade, configurando corrupção.

Corrupção é sermos pagos para trabalharmos oito horas e chegarmos atrasados, ou sairmos antes, pedindo que colegas passem o nosso cartão pelo relógio eletrônico.

É conseguirmos atestados falsos, de profissionais que a isso se prestam, para justificarmos nossa ausência do local de trabalho, em dias que antecedem feriados ou outras datas de nossa conveniência.

É promovermos a quebra ou avaria de algum equipamento na empresa, a fim de termos algumas horas de folga.

Corrupção é aplaudirmos nosso filho que nos apresenta notas altas nas matérias, mesmo sabendo que ele as adquiriu à custa de cola.

E que dizer dos que se oferecem para fazer prova no lugar do outro? Ou realizar toda a pesquisa que a ele caberia fazer?

Examinemos com mais vagar tudo que fazemos.

Mesmo porque nossos filhos têm os olhos postos sobre nós e nossos exemplos sempre falarão mais alto do que nossas palavras.

Desejamos, acaso, que a situação que vivemos em nosso país tenha prosseguimento?

Ou almejamos uma nação forte, unida pelo coletivo, disposta a trabalhar para progredir, crescer em intelectual e eticamente?

Em nossas mãos, repousa a decisão.

Se desejarmos, podemos iniciar a poda da corrupção, hoje mesmo, agora.

E se acreditamos que somente um de nós fazendo tudo continuará igual, não é verdade. Os exemplos arrastam.

Se começarmos a campanha da honestidade, da integridade, logo mais os corruptos sentirão vergonha dos seus atos.

Receberão admoestações e punições em vez de aplausos, e se perceberão desonestos em vez de espertos.

E, convenhamos, se não houver quem aceite a corrupção, aqueles que a propõem acabarão por si mesmos.

Pensemos nisso. E não percamos tempo. O mundo, para ser melhor, aguarda essa prática de nós todos.

A corrupção apresenta-se em múltiplas faces, desde a rachadinha (peculato) a outros tipos de vantagens pecuniárias ou não.

A rachadinha consiste na prática clássica de repartir parte do salário devido a receber com pessoas que não fazem jus a ele.

Ex-PM conta como funciona uma blitz caça-níquel.

No mundo da rapinagem não existe inocente. A sociedade reclama da corrupção policial, mas muita gente estimula essa corrupção para se livrar de seus pequenos e grandes delitos. Lamentavelmente, é cada vez maior o número de pessoas tentando escapar de um flagrante delito, fazendo bandalhas no trânsito, tentando furar fila, obtendo vantagens ilícitas, complementando a renda com bicos ilegais, vendendo a mãe a preço de ocasião, dando troco errado.

Era mais ou menos esse o tema da agradável conversa com um motorista de táxi quando ele, sem quê nem porquê, abriu o bico, entregou o serviço, "bateu o bizu":

– Eu fui PM e sei como funciona a coisa. Tem dia que você precisa completar o salário e não tem jeito. A gente vai para a pista para arregaçar mesmo.

– Como assim? – Me fiz de bobo.

Começava ali um relato etnográfico de como funciona uma blitz caça-níquel, dessas que a gente suspeita ver todo dia, em alguma curva escura da cidade.

Lotado num Batalhão da PM – esse onde há policiais que se envolveram em nove de dez chacinas nos últimos 20 anos –, o policial conta que deixou a farda por motivos de saúde. Ex-PM, relembrou com saudade dos tempos em que ele e seus colegas de Patamo cobravam pedágio de todo caminhão em situação irregular que passasse por determinada rua da periferia próximo ao batalhão.

– Era cinquinho, dezinho. Quanto o cara tivesse na mão – contou o ex-policial, acrescentando que o esquema era acobertado por oficiais dentro do batalhão, que cobravam uma taxa semanal que poderia girar em torno de R$ 200 reais por patrulha.

Segundo o ex-PM, os "caçadores" tinham que faturar mais do que a féria do oficial. E caso não cumprissem as "metas" eram destituídos do "cargo", perdendo aquele setor do policiamento ou até mesmo a rua. Mas o ex-PM disse que ninguém ficava triste com o faturamento. Sobrava "cerveja" pra todo mundo.

Em uma escala maior, até mesmo a compra de um carro. Ao saber que estava conversando com um repórter, o ex-PM me garantiu que sua equipe jamais parava quem **aparentasse** estar em situação regular e tampouco pediam dinheiro a quem estava com a documentação em dia.

Um esquema desses não acaba nunca porque há três segmentos bastante interessados: o motorista que quer se livrar da multa ou da eventual apreensão do veículo, o policial que está na ponta e o que está dentro do quartel. Até um dia que a casa cai. O policial libera um veículo que, mais adiante, sem condições alguma de circular, bate num carro dirigido por aquele figurão da novela das oito. Aí o caso vai parar na delegacia, chega imprensa, luzes, câmeras, repórteres e fotógrafos.

É quando os policiais pronunciam então aquela expressão que os atores usam entre si para dar sorte, antes de entrar no palco – merda.

NATAL DOS BEM-NASCIDOS

Quem sou eu, quem é você, quem somos nós neste espaço? Corações e mentes em busca da derrubada de nossas tutelas!

Pondo de lado, por momentos, o estigma que nos exclui de certas benesses, ainda a conquistar, mercê de algumas limitações, acarretadas pela deficiência, escreve aqui uma pessoa branca, enquadrada no segmento dos privilegiados, à frente de um computador, ao lado de um celular, com sua refeição farta à mesa, acompanhada por sua família, esta, nem sempre unida, mas sabendo disfarçar seus desencontros, no café da manhã, no almoço, no jantar, na ceia, na cama confortável, clamando por tempo de trégua.

Que Natal foi esse? Passou e nem sequer nos demos conta da troca dos presentes, dos perdões, do esquecimento das possíveis faltas? A ninguém cabem culpas, e sim responsabilidades. A religiosidade suscita a lembrança da figura midiática de Jesus, confundida com o consumismo.

E esse sentimento, enganoso, cai no vazio, diante do comportamento materialista. A esta pessoa branca cabe lembrar da fome de uma imensa legião de indivíduos, em sua maioria homens negros e mulheres negras, que literalmente correm atrás de um resto de comida, de um osso de que se possam alimentar; que tentam se refugiar nos escombros de uma casa desmoronada pelas chuvas, ou até mesmo em jornais amassados pela lama! Isso não é fantasia, nem tão pouco alegoria, é o mundo real que avassala a humanidade inteira.

Estará, não por acaso, ainda vigorando a lei do mais forte, da seleção natural, defendida por Charles Darwin? Que novo ano nos aguarda? Que novo ano teremos? Prevalecerão os velhos vícios, sustentados pelos mandatários de sempre em nossa sociedade? Até quando este quadro sombrio de perversa desigualdade, em que a grande maioria da população luta para sobreviver, em meio à sujeira e ao esgoto a céu aberto, permanecerá entre nós?

Como estarão nossas consciências? Permanecerão estáticas, anestesiadas enquanto estamos à frente de nossa mesa farta e refestelados em nosso ócio, desfrutado de um momento de lazer e prazer? Como estará aquela massa, excluída por longo tempo do mercado de trabalho. Como estará parte de nós, assistindo passivamente a tudo isso, sem qualquer reação? Vamos permanecer friamente paralisados sem reagir, até sucumbir? Onde estará nossa empatia pelo outro? Em algum tempo, o futuro cobrará alguma ação duradora dessa coletividade de bem-nascidos! Até mesmo por uma questão de sobrevivência, teremos que fazer nossa escolha definitiva. Parafraseando alguém, em nome da prudência: abandonemos os anéis, antes que percamos os dedos.

AMIZADES EM FRAGMENTOS

As amizades são feitas de pedacinhos, pedacinhos de tempo que vivemos com cada pessoa. Não importa a quantidade de tempo que passamos com cada amigo ou amiga, mas a qualidade do tempo que vivemos com cada pessoa. Cinco minutos podem ter uma importância muito maior do que um dia inteiro! Assim, há amizades que são feitas de risos e dores partilhados, outras da escola, outras de saídas, cinemas, diversões.

Há ainda aquelas que nascem e nem se sabe por que, mas que estão presentes, talvez essas sejam feitas de silêncios compreendidos ou de simpatia mútua sem explicação. Nos dias de hoje, muitas amizades são feitas só de e-mails, e essas não são menos importantes, são as famosas "amizades virtuais", diferentes, mas não menos importantes. Aprendemos a amar as pessoas sem que façamos qualquer julgamento de sua aparência ou modo de ser, sem que às vezes as etiquetemos, ainda que inconscientemente. A solidez da amizade está na substituição da tolerância, pela aceitação mútua de um pelo outro.

Há amizades que criam raízes tão profundas, a ponto de se eternizarem. Saint-Exupéry disse: "Foi o tempo que perdeste com a tua rosa que fez a tua rosa tão importante". E eu digo que é o tempo que ganhamos com cada amigo que faz cada amigo tão importante, porque tempo gasto com amigos é tempo ganho, aproveitado, lembranças para cinco minutos depois ou anos até! Um amigo torna-se importante para nós, e nós para ele, quando somos capazes, mesmo na sua ausência, de rir ou chorar, de sentir saudades e nesse instante trazê-lo para bem perto de nós! Desta forma podemos ter vários "melhores amigos" de diferentes maneiras; o importante é saber aproveitar o máximo de cada minuto vivido e ter depois no baú das recordações horas para passarmos com os amigos mesmo quando eles estiverem longe do nosso alcance.

ACREDITAR É PRECISO

Acredito na mudança revolucionária. Acredito na utopia, onde teoria e prática um dia hão de se encontrar; onde pessoas cegas não precisarão solicitar "descreva"; onde pessoas surdas não precisem solicitar "interprete ou oralize"; onde pessoas deficientes intelectuais não precisem solicitar "simplifique"; onde pessoas deficientes físicos não precisem reivindicar rampas ou espaços acessíveis; onde ninguém precise me autorizar a ser quem sou; onde não haja tutela; onde apresentar qualquer característica diversa, ser de qualquer gênero, raça, cor, etnia e categoria social não seja impedimento para abrir caminho para novas conquistas e alimentar desejos de um mundo aceitável; onde haja espaço para mudança de paradigmas e atitudes.

Discursos vazios e sem coerência não levam à conquista da equidade. Eles devem conter conteúdos e atos propositivos, que conduzam à chave da acessibilidade e da inclusão efetiva, por ser um direito, não um favor. A cada um é destinado o seu papel. Direito é algo a ser conquistado, se constrói por dentro; equidade se constrói na prática.

O grande segredo da abertura de portas é usar chaves mestras, reside no pensar, sentir e agir, com a certeza de um definitivo protagonismo.

Costuma-se dizer que a utopia de hoje é a realidade de amanhã, devassada pela ânsia virtuosa do pertencimento a buscar.

Acreditar é preciso quando poderosamente podemos derrubar tabus e estigmas! Acreditar é preciso quando as portas fechadas pela inacessibilidade tecnológica se abrem, diante do uso de máquinas *touch*, capazes de invalidar nossa autonomia! O episódio das maquininhas *touch* denunciadas na página do reclame aqui, por parte de uma pessoa cega, colocou em evidência a inacessibilidade dessas ferramentas. Por essa razão, a ordem é obedecer ao mantra que leva à desconstrução de barreiras atitudinais que conduza à liberdade do ser: a tecnologia inacessível nos exclui, não serve para nós!

Acreditar é preciso, na oportunidade e equidade a ser respeitada, considerando cada coletividade e cada indivíduo, independentemente da característica biopsicofísica, de ser branco, negro e índio, da raça, da classe social, da etnia e de pessoas de qualquer gênero.

Todos, nessa diversidade, somos dotados de capacidades a serem respeitadas, com suas peculiaridades, e de necessidades a serem acolhidas e supridas.

Acreditar é preciso que os limites, quem os determina somos nós, como seres coletivos, individuais e interdependentes.

Acreditar é preciso que cada um deve modelar suas fronteiras, deve definir seus caminhos, deve firmar suas vontades, se insurgindo em face do que é estabelecido.

CAPÍTULO 11

VIVER NA DIVERSIDADE

A EXPERIÊNCIA DE FAZER JUNTO

Que a diversidade e a experiência de fazer junto não nos descaracterizem! Não há no mundo alguém que seja totalmente igual a outro alguém. Pelo que dizem, ainda não há ninguém clonado entre nós, e, mesmo que tivéssemos, certamente não seria igual ao original porque viveria num outro tempo e lugar, passaria por outras experiências, conheceria outras pessoas, outras culturas, faria suas escolhas e teria outros costumes, assumiria suas interações. Nem nós mesmos somos hoje o que fomos ontem.

Hoje, as mudanças são cada vez mais vertiginosas, espanto de nossos tempos atuais. Enfim, somos tão diferentes uns dos outros que foi preciso construir uma Declaração Universal dos Direitos Humanos, num determinado momento de nossa história (1948), para nos lembrar que, na origem, todos somos também iguais por termos algo em comum que nos distingue dos outros seres.

Esse passo dado pelo ser humano foi mais fruto de conquista da humanidade, onde estamos incluídos, sentindo nos responsáveis por manter e ampliar os direitos fundamentais ali expressos e a nossa experiência humana individual e coletiva.

Somos diferentes e únicos. Queremos assim continuar e não deixar que a igualdade nos descaracterize. Iguais, queremos também assim permanecer e ainda ampliar essa igualdade e equidade legal e social. Nossa igualdade jurídica e civil, formal, não devem permitir que nossas diferenças nos inferiorizem uns em relação aos outros, como nos lembra tão bem o professor Boaventura.

É exatamente isso que temos tanto: que as diferenças sejam um motivo de desigualdades, que questões como sexo, cor de pele, religião, orientação sexual, condições físicas, biopsicossociais, classe social, aptidão intelectual, idade, etnia, raça, entre outras tantas diferenças objetivas que temos, assumam uma relevância que determine o tipo de relação que teremos com a sociedade, com o afeto, com o trabalho, com a cultura, com os bens e riquezas produzidos, com o futuro, com a vida.

Afinal, mesmo quando temos algumas características marcantes, básicas, como o fato de ser homem ou mulher, isso não pode determinar ganharmos mais ou menos, ocuparmos lugares de comando ou apenas de subordinação, pertencermos a uma classe social ou outra, sermos aceitos para algumas coisas e não para outras. UM PADRÃO QUE NOS DOMINA A TODOS, SEM EXCEÇÃO.... Somos e queremos ser diferentes, do jeito que nascemos ou do jeito que nos tornamos ou nos tornaram, sem que isso implique discriminações que nos façam prisioneiros de lugares sociais determinados por aqueles que estão em posição privilegiada por se acharem superiores.

Esses que se acham superiores têm uma visão tão distorcida de si próprios como aqueles que acabam introjetando a imagem de inferiores de tanto serem assim tratados. Aqueles mesmos que reprimem e oprimem são os que lá na frente são reprimidos e oprimidos, pondo por terra sua superioridade e desmascarando seus traços nítidos de inferioridade.

Em nossa sociedade, os homens brancos, heterossexuais, dotados de um físico supostamente perfeitos, segundo a imagem que construímos do que seja perfeito e imperfeito, normal ou anormal, feio ou bonito, conceitos contemplados pela subjetividade, entre tantas outras, acabam sendo o padrão dominante e, em relação a eles, todos somos julgados e até mesmo nos julgamos, projetando e introjetando o que "respiramos" o tempo todo.

Os estereótipos nos levam a preconceitos e discriminações que prejudicam os próprios membros do grupo "dominante" e aos outros, às vezes de uma maneira brutal, agravando a qualidade de vida em sociedade, reduzindo nossas oportunidades, diminuindo as nossas chances de realização como humanidade a caminho de um futuro cheio de incertezas porque cheio de possibilidades para nele nos realizarmos.

O prejuízo para as pessoas que fazem parte do padrão dominante é perderem a noção de realidade ao não se perceberem também como membros de um grupo racial, da maneira como se entende raça e como se usa esse conceito para construir relações racializadas e hierarquizadas na sociedade.

Sabemos que somos todos membros da raça humana, mas, mesmo assim, dividimos o mundo em raças, apesar da ciência, por isso o uso do termo no sentido político, pela influência que tem na vida das pessoas. Só os outros, que não são brancos ou que são diferentes do padrão dominante, pertencem a uma raça? Os brancos acabam tendo, portanto, uma visão distorcida de si e dos outros. Crescer e ser educado para achar que se é o bonito, o bom, o útil, o certo, o normal, o padrão para tudo em volta, causa também distorções que prejudicam as pessoas e as afastam de uma imagem real sobre si e sobre os outros.

Se "os normais" são assim, portanto os outros não o são. Esse quadro modelado socialmente é reforçado pelos estigmas criados e consolidados por elos estruturais que atravessam gerações. Há pessoas do padrão dominante que não toleram as diferenças de forma alguma e jamais acreditam que "os outros" poderão ser iguais aos seres superiores. Há pessoas do padrão dominante que gostariam que esses "outros" se tornassem iguais a eles e vivem assediando e produzindo imagens, linguagens, formas variadas de "converter" a todos para a sua verdade única e eterna.

Há pessoas, contudo, que transitam bem pelo mundo das diferenças, mesmo sendo do padrão dominante, renunciando a essa condição e fazendo um exercício enorme para se colocarem também como diversas.

Outra categoria a ser realçada é a de "minoria social". O que quer dizer essa categoria? Ela significa simplesmente que os grupos sociais que dela fazem parte, embora por vezes majoritários, são tidos como menores, no contexto social. É o caso das mulheres e homens negras e negros, e mulheres e homens brancos pobres. A experiência da diversidade, ao afirmar que somos todos diversos, busca também fazer refletir sobre o que é ser parte do padrão dominante e melhorar nossas relações com as pessoas e com o mundo, libertando, na medida em que permite uma visão mais realista dos tais padrões estabelecidos e que podem ser desconstruídos e substituídos por outros mais inclusivos e mais plurais.

Nossas diferenças estão em permanente interação em relação aos direitos fundamentais da pessoa humana. Em tese, somos todos iguais, ou seja, podemos ser e somos diferentes, mas nem por isso desiguais. Mesmo porque, podemos ser diferentes, mas não vivemos sozinhos e, aliás, somos mais felizes quando não somos sozinhos, já que somos seres gregários.

Nossas diferenças, por maiores que sejam, estão em permanente interação com os outros e suas diferenças, fortalecendo a ideia de igualdade e de democracia, exatamente para que possamos viver juntos e construirmos, nessa interação, um projeto de vida, em família, em comunidade, em nação, humanidade, planeta. Ainda mais neste mundo cada vez mais globalizado, tempo das redes, da comunicação circular, do micromundo dos algoritmos, da macrotransição tecnológica transformadora.

Imagine os múltiplos papéis de uma mulher que ao mesmo tempo é afrodescendente, cristã, mãe, filha, síndica do prédio onde mora, filiada a um partido político, torcedora de um time de futebol, administradora de empresas, moradora da periferia, nascida no Nordeste, jogadora de vôlei, vítima de câncer de mama, sagitariana, voluntária num grupo comunitário do bairro, neta de italiano por parte de mãe, membro da brigada de incêndio na empresa em que trabalha, magra que já foi obesa... Enfim, uma pessoa que, como qualquer outra, apresenta identificações distintas, que se articula com diferentes grupos e movimentos sociais, que interage nesses diferentes espaços com as diferentes ideias, interesses, crenças e valores ali presentes, que determinam a forma das pessoas agirem e buscarem afirmação individual ou coletiva.

Tudo isso sem perder de vista a sua identidade marcada por uma pluralidade de experiências, vivências, condições, origens, perspectivas e olhares. Algumas de nossas características são mais marcantes, outras nem tanto. Algumas são óbvias e visíveis, outras mais sutis. Algumas são temporárias, outras definitivas. Algumas são transitórias, outras são mais duradouras. Algumas nós escolhemos, outros nós adquirimos. Algumas nos foram impostas, dadas ao nascer ou durante a vida. Algumas são frutos de um acidente, da escolha de outros, de coisas que não estavam ao nosso alcance. Algumas são frutos das oportunidades que nos foram apresentadas ou não durante a vida. Algumas são frutos de um estilo de vida. Algumas resultam das bagagens que adquirimos e que nos permitiram ou não realizar opções ao longo de nossa história pessoal e até mesmo coletiva.

Podemos escolher como lidar com nossas próprias diferenças, seja como for, podemos escolher, damos pesos diferentes, optamos por nos apresentar ou representar com essa ou aquela característica. Uma pessoa pode ser afrodescendente, com um fenótipo bem definido como tal, e não se ver ou não dar peso algum a isso. Por exemplo, diante do pesquisador do IBGE a perguntar sua cor – branca, preta, parda, amarela ou indígena (indígena não é cor, mas eles um dia vão bolar algo melhor para caracterizar as pessoas por raça ou etnia) –, essa pessoa pode ser uma daquelas milhares que, quando importunada, declara ser cor de bombom, mulatinha, morena, parda ou azul.

Uma outra pessoa pode ter a pele clara e, mesmo assim, para espanto do tal pesquisador, assumir uma postura afirmativa em relação à sua condição de afrodescendência ou à sua origem indígena, por exemplo. Objetivamente, contudo, apesar da autorrepresentação revelar maior ou menor consciência ou mesmo gosto pelo pertencimento a um ou outro grupo racial ou étnico, a sociedade em geral sempre sabe identificar muito bem as pessoas, hierarquizar racialmente, incluir ou excluir com base nessa característica.

O tratamento que a sociedade confere aos negros, sejam eles pretos ou pardos, segundo o nosso IBGE, não deixa dúvidas sobre a *expertise* em identificar racialmente para discriminar socialmente, economicamente, culturalmente, afetiva e efetivamente quem pertence a um ou outro grupo, destinando lugares "próprios" a cada um.

Os dados das pesquisas governamentais ou não governamentais demonstram isso o tempo todo. Portanto, se alguém tem dúvidas sobre a própria cor de pele, pergunte para certos policiais, juízes, empregadores, educadores, políticos, entre outros, que são especialistas em identificar para discriminar.

Que saibam esses "profissionais" da identificação que nosso país não é tão mestiço, como se declara até no pensamento, exatamente pela capacidade que algumas pessoas têm de identificar raça, cor ou etnia e gerar discriminações, *apartheids* culturais dos mais predadores. A discussão sobre cotas suscita debates muito interessantes e esse da impossibilidade de identificar quem é negro é um deles num país dito mestiço.

Como é que conseguem identificar na hora de escolher o elenco de uma novela ou de uma peça teatral? Como é que conseguem fazer isso na hora de contratar pessoas que vão para a linha de frente no contato com o público em geral numa empresa? Como é que conseguem quando realizam avaliações de rendimento ou planos de carreira? Como é que conseguem na hora de definir quem sai mais cedo do sistema de ensino e terá o melhor aproveitamento escolar? Como é que conseguem fazer isso na hora de escolher as imagens que irão compor os livros didáticos, as revistas, os jornais? Como é que conseguem o tempo todo, na hora de prejudicar um grupo da sociedade, e não conseguem na hora de construir efetivamente as condições de igualdade, de oferecer um benefício, um direito, uma oportunidade que poderá mudar a história do país para todos os seus habitantes? A declaração de uma ou outra descendência pode se dar, assim, muito mais por defesa contra o ataque dos padrões dominantes. Mas poderia se dar, sobretudo, como afirmação de um conjunto de características que se quer ver valorizado, respeitado, integrado em condições de igualdade nessa rede de relações sociais em que todos estamos inseridos.

Todos deveriam ter o direito a uma imagem na sociedade para que pudessem mais facilmente construir dentro de si mesmos uma autoimagem positiva. As fotos, as imagens, as linguagens, enfim, que estão a serviço dos padrões dominantes e do ataque à autoestima dos "outros" destroem, minam, descaracterizam as diferenças, tentam pasteurizar, homogeneizar tudo em volta, como se tudo fosse uma coisa só e não essa rica diversidade que tanto nos qualifica para a busca de nossas conquistas por ser solução e não problema.

Podemos refletir também sobre a consciência feminina e a noção que as mulheres podem ou não adquirir sobre sua condição de mulher numa sociedade machista e que também hierarquiza as relações de gênero. O mesmo vale para os outros grupos diversificados, LGBTQIA+, homens ou mulheres, que podem querer assumir essa condição de uma maneira defensiva ou afirmativa, ou mesmo jamais assumi-la diante da família, na escola, no ambiente de trabalho ou diante de si mesmos.

Isso determina não apenas uma condição individual, mas coletiva, social. Assumir-se ou não numa ou noutra condição ou situação pode gerar um impacto não apenas na vida da pessoa, mas na vida da sociedade, fazendo avançar ou não, melhorar ou não essa condição ou situação conforme a capacidade de resistência, organização e proposição que adquire.

Hoje, como são encaradas as questões de gênero, é inconcebível realizar pesquisas sobre orientação sexual em qualquer organização bem-intencionada em relação aos resultados dessa pesquisa.

Não fossem os grupos militantes, poucas conquistas seriam efetivadas. É um jeito de pensar, de ser e de agir que é construído com base nas condições concretas de existência que nos são dadas ou impostas e sobre as quais realizamos escolhas, fazemos nossas opções cotidianas e fundamentais, ampliando nossa liberdade e bem-estar ou reduzindo-os, conforme o estrago que o pensamento dominante causa em nossos mapas mentais, nossas crenças, valores, paradigmas e interesses ou desejos.

Podemos transcender aquilo que nos foi dado, podemos tomar nas mãos a própria história e conceber a nós mesmos de uma maneira mais afirmativa, projetando nosso futuro com uma liberdade e um bem-estar ampliados. Assumir-se de uma ou outra maneira, ter uma visão positiva ou negativa sobre a própria condição, as próprias características básicas ou secundárias, pode determinar a forma de inserção na sociedade, um lugar social, mas, sobretudo, pode também determinar a forma como as pessoas lidam com esse lugar que lhes é atribuído, sendo alguém que está ou não no padrão dominante.

A solidariedade de brancos para com não brancos e de heterossexuais com homossexuais, por exemplo, demonstra que há possibilidades variadas de mobilidade virtual ou real em relação às hierarquizações sociais dadas ou impostas.

O importante, portanto, não é aquilo que temos e somos, mas o que fazemos com isso que nos é dado ou imposto. O nosso lugar na sociedade não é aquele que ela nos oferece, mas sim aquele que nós formos capazes de conquistar. A diversidade como valor fortalece, e se fortalece com o movimento de responsabilidade social porque, além de tudo, está identificada com os interesses legítimos da sociedade e contribui para a superação de desigualdades intoleráveis geradas pela discriminação arbitrária, injustificáveis.

A lógica da inclusão, em todos os campos, principalmente no trabalho, pode alterar o mapa de desigualdades raciais, de gênero e sociais que temos produzido. Para isso, precisamos mudar os nossos próprios mapas mentais que determinam a forma como todos nós nos vemos e vemos aos outros, interpretamos o nosso passado, lidamos com o nosso presente e projetamos o nosso futuro.

Diversos somos nós todos e todos somos responsáveis por promover a diversidade como valor. Todos temos o direito de buscar o chamado bem-estar social, e todos podemos fazer a diferença na nossa própria vida, na vida em sociedade, no diálogo entre as civilizações.

SENTIDO DOS RECADOS

Existem mil formas de nos expressarmos, de passar recados: os recados podem ser transmitidos em textos escritos, letras de música, em melodias puras, que projetem vibrações sobre nossas mentes. Os recados podem estar contidos nas entrelinhas, nas atitudes, diretas e indiretas. Os recados podem ser discretos ou frontais, dependendo do objetivo que se quer alcançar com eles. O que se pretende com um recado? Dizer indiretamente aquilo que não se pretende dizer de frente. Maquiar a verdade não significa necessariamente mentir.

Significa diluir o efeito do que se diz. O mentir está na dissimulação. A dissimulação está na fragilidade de uma personalidade. Um recado franco e sincero é sadio.

Um recado passional nem sempre reflete traços sadios. A passionalidade está na fronteira entre o sentir humano e o patológico. Assim como qualquer expressão reflete o sentir humano, integral ou parcial. É o caso de uma declaração de amor, ou de um encerramento de uma relação. Elas serão mais ou menos intensas, dependendo do momento vivido.

Os recados seguem uma linha com duas pontas: a de quem os dá e a de quem os recebe. Para cada um, os efeitos têm um peso diverso. Quem os dá, imprime um forte sentimento de apego ou de repulsa; quem os recebe, fica impactado ou indiferente. Simples assim.

Recordando alguns verbetes, pode-se dizer que os recados possuem uma multiplicidade de pesos e medidas. Os nossos avós diziam: "Quem conta um conto aumenta um ponto".

Quem assiste a um acidente, imprime uma carga emocional ao narrá-lo. Aqueles que o recebem criam uma diversidade de narrações que fatalmente adquirem um peso exponencialmente diverso. A essa altura já foi perdido o fio da meada do acontecimento.

Há que introduzir aí, em escala gigantesca e desproporcional, o aparecimento de fatos criados, disseminados pelas redes sociais, sem qualquer cuidado, em que um simples recado pode se transformar em uma verdadeira bomba lacrativa, com efeito imprevisível de eufórica alegria a um profundo estado de depressão e ansiedade, que transformará nossas vidas em uma verdadeira gangorra de emoções, capazes de produzir choques cerebrais e cardíacos.

UM HOMEM MINÚSCULO

O homem minúsculo, o homúnculo, apagou as luzes do palácio e foi dormir para não mais acordar, será? Virou pesadelo! Depois de tanto bradar, gritar e babar, depois de ameaçar e conspirar à luz do dia, incessantemente, calou-se. Recolheu-se à insignificância que o espera. Amém. Mas ele ainda insiste em estrebuchar.

Durante sua permanecia, o palácio mais parecia uma palhoça grotesca, sem qualquer identidade.

Uma indagação se faz necessária:

Como os livros de história no futuro irão se referir a esse primata saído do sujo e fétido esgoto!? Esse ser tão minúsculo terá alguma importância? Irão se interessar apenas pelo surto coletivo que se apossou de milhões de brasileiros, por meia década ao menos, e que resultou na eleição de um ninguém, um nada, um palhaço macabro? Um fantasma descarnado, insepulto e obcecado pela morte, sua especialidade, no qual milhões projetaram suas próprias fantasias autoritárias. Como? Por quê? Quantos afinal projetaram naquele corpo sem vida, naquela vida sem cérebro, a virilidade perdida, as certezas corroídas, o desejo e a inveja da criança egoísta que brinca de mocinho enquanto o mundo acaba em fome e doença. As pessoas morrem sem proteção, ele debocha: e daí? Nada interrompe seu gozo sem fim.

Os livros de história no futuro talvez falem de um ser minúsculo que emergiu dos porões sujos dos Quartéis e do ocioso Congresso Nacional, já em avançado estado de putrefação mental e decomposição moral, ética e física, para canalizar todo o ressentimento de uma nação. Esse potentado de maldade, cercado por gente ainda menor, ainda mais ridícula e ignorante orbitando ao redor de sua sombra.

Homens minúsculos, a história demonstra, podem projetar sombras imensas. Mas passam, os homens e suas sombras.

Ele tentou, com todas as reduzidas forças, eternizar sua sombra perversa. Mas decrépito, fraco, bronco e insignificante, não conseguiu manter-se no poder. Porque destruir era sua meta. Construir é algo mais complexo, que foge a sua capacidade intelectual diminuta. O homem pequeno veio e devastou o país inteiro, reduziu o Estado e as suas instituições, humilhou o povo, os amigos, as famílias. Destruiu, passou bois e boiadas, sufocou, conspirou, enquanto nos ocupávamos de sobreviver.

Mas então, enfim consciente da sua pequenez, emudeceu no canto do palácio vazio, vítima da própria insignificância.

Depois de aterrorizar e destruir, descobriu-se incapaz, impotente, brocha. Um fantasma de brochidão e fraqueza, incapaz de fecundar o que quer que seja, planos, corpos, natureza. Homens pequenos não constroem coisa alguma.

Já era hora de dar um basta, já era hora de lembrarmos a nós mesmos que o homem pequeno é pequeno demais para um país tão grande.

INTELIGÊNCIA ARTIFICIAL OU INTELIGÊNCIA SUPERFICIAL?

Nesses nossos tempos de hoje, nunca tanto se questionou a condição e a capacidade do ser humano como agora. Estamos desembarcando do mundo analógico para embarcar no mundo digital, sem qualquer ponte de sustentação.

Cotidianamente, a nossa consciência perceptiva é colocada à prova. O grave quadro da pandemia aflorou e potencializou uma crise latente da autonomia que já vinha nos assaltando há algum tempo.

Tudo eclodiu de forma vertiginosa, como que de repente. O nosso fazer diário, passou a operar à distância, em regime remoto, ocasionando uma divisão conflituosa entre a atividade profissional e a intimidade de uma casa, mesclando o enfrentar das exigências profissionais, com as responsabilidades do acolher afetivo da família.

O ser humano se transformou em um ente impessoal que, por necessidade, gera "uma inteligência artificial", sem avaliar sua profunda dimensão, diante do monstruoso poder da máquina.

Qual a razão que levou à redução da capacidade perceptiva desse ser humano suspostamente criativo? A palavra-chave é arrogância, ditada pelos acadêmicos do VALE DO SILÍCIO, que operam tal qual estivessem em um patamar inatingível.

Nós, mortais comuns, somos compelidos a buscar o conhecimento que se projeta vertiginosamente sob nossos cérebros e nossos dedos em um movimento incontrolável em busca de um mundo real superado por um quadro fantástico que passa a nos comandar. Esse é o mundo do robusto metaverso a nos monitorar, diante de nossa inquietante fragilidade.

Imagens e sons desconhecidos se sobrepõem em diferentes campos como pontos auxiliares de nossas atividades virtuais, alterando o cenário, antes já precarizado, das funções do trabalho, aprofundando esse espectro perturbador em uma ameaça concreta de descarte do ser humano, em favor de uma máquina que ele intelectualmente produziu e que converteu em um monstro a ser controlado.

Esse modelo pode se traduzir, desde que mal aplicado, em uma teoria assentada no princípio de que o homem criou o próprio monstro, do qual virá a ser refém, trabalhando contra e a favor, em uma dupla linha viciosa e virtuosa em face do futuro.

Por essa ferramenta o homem busca uma zona de conforto subitamente interrompida pelo descarte da importância de seu trabalho, chegando por vezes a uma dramática interrupção de seu valor como ser humano.

Contrapondo-se a esse cenário de exclusão produzido pela máquina, pode-se vislumbrar a IA exercendo um papel altamente relevante a favor dos objetivos do ser humano, seja em suas atividades coletivas, seja pelo seu uso individual.

Essa tecnologia, se bem utilizada, atua em nosso favor, se utilizada de forma inadequada, passa a possuir um papel predatório no processo complexo das relações psicossociais.

Pode-se afirmar que a inteligência artificial não mutila a liberdade do ser humano, que permanece comandando e sendo comandado por uma máquina que possui o poder que esse mesmo homem genial lhe confere em seu favor.

Ao contrário do que se pode pensar, a IA não veio para resolver nossos problemas, seja de que natureza forem. Ela é uma ferramenta auxiliar, da qual o homem não pode perder o controle, sob pena de que ele se torne refém e submisso, em face do papel virtuoso ou vicioso que lhe é destinado.

A IA enriquece a automação em que vivemos, instalada definitivamente na era pós-industrial. Nela, perdemos de vista as respostas para as grandes indagações do nosso tempo, em que tememos saber nosso paradeiro. Agora, não queremos mais saber de onde viemos, quem somos, e sim quem seremos e para onde vamos.

ESCOLA TRANSFORMADORA

Eu ensino. A frase é simples, mas todos entendem. Você já ensinou algo a alguém. Você já se deu conta de que quando você ensina, você aprende? Todos os seres humanos partilham da dupla experiência de ensinar e aprender. No entanto, o que significa "ensinar"? O termo deriva do baixo latim *insignare* e possui o sentido original de assinalar ou, de forma mais ampla, colocar um sinal.

Aquele que aprende deve ser assinalado, ensinado. O sentido de "transmitir um conhecimento" foi desenhado a partir da Idade Moderna. No mesmo momento em que o verbo "ensinar" adquiriu a forma que entendemos agora, a transmissão de um saber, emergem palavras como "formar" e "educar". Dar uma forma, conduzir é algo que está na palavra latina "educere", identificada na infeliz memória do título fascista Duce (o que conduz).

Tivemos de aguardar a obra de Rousseau (*Emílio*) para que o verbo "educar" ganhasse a dimensão positiva atual. O verbo determina a concepção de ensinar e o ato de aprender. Essa dupla concepção torna o ato anteriormente autocrático em um ato democrático.

A palavra "instruir" pode indicar fornecer recursos úteis. Em latim, "*instrumentum*" é uma ferramenta útil. Quando se pensava a criança como uma folha de papel em branco ou alguém perfeitamente moldável, os objetivos e vocábulos educacionais eram muito diretos. Tratava-se de um processo de "adestramento" de um corpo/mente. A escola deveria produzir saberes úteis e disciplinas que combatessem a preguiça, a desordem, ou seja, o "animal" que se escondia em cada um de nós. Educar era uniformizar. Um bom aluno era recatado, escrevia e pensava a partir de padrões estabelecidos. A escola baseada na instrução tinha apenas um caráter conteudista, de baixa massa crítica.

Alguém "educado" era alguém previsível, controlado, capaz de ser inserido em uma sociedade tradicional.

A grande crise da educação em casa e na escola reside no fato de não reconhecermos mais o processo de aprendizagem como um processo de se adaptar a um mundo. Não sabemos mais qual será este mundo. A velocidade das mudanças superou a capacidade de pensar educação, seja qual for a etimologia dada ao termo "escola". Tudo o que importa parece estranho à sala de aula. Quase todos nós, os adultos, viramos melancólicos repetidores do mantra "no meu tempo", que serve mais para balizar meu passamento do que pensar um novo tipo de educação. O que falta, na realidade, é contextualizar o tempo em que vivemos.

A escola, por vezes, está ficando burocrática, formal e utilitária, cada vez menos orgânica. Dizem: "Tenho de fazer o ensino fundamental e médio porque, sem eles, não terei acesso à universidade. Sem ela, não posso ter o diploma que garante meu universo produtivo e minha estabilidade".

Ademais, o diploma universitário está se tornando um título de nobreza: uma convenção social que produz a crença de que há pessoas melhores do que outras. Se professores, pais e alunos não fizerem um debate honesto e rápido sobre o que é nossa compreensão de processo educacional, a escola vai perder por completo sua relevância. Três eixos podem ser assinalados como desafios a uma escola do século XXI: a) convivência produtiva com a diversidade humana; b) curiosidade científica e estética; c) senso crítico em relação ao mundo como se apresenta. Esses eixos podem ser desdobrados em dezenas de outros. Olho nas mídias sociais reclamações de pais e de educadores. Alguns tocam em aspectos essenciais. Outros estão discutindo se a escola usa ou não linguagem neutra. Os neologismos podem ser usados para discutir linguística e dinamismo da fala.

Deveriam ser tratados como o verbo "deletar": sem paixão, com objetividade e, igualmente, sem adesão automática por "modismo". Usei um exemplo menor para chamar a atenção sobre como é fácil, em um mundo de ascensão de IA, ficar debatendo detalhes irrelevantes e deixando de discutir os eixos antes citados. Um plano de ação? Uma educação a partir de problemas, usando imagens, integrando o lúdico e o metódico, valorizando a autonomia do pensamento e dizendo que o tempo de escola é um desafio a ser preenchido pela descoberta da arte, da linguagem e da ciência. A educação como um todo implica um processo de crescimento sólido e enriquecimento dos saberes exponenciados socialmente.

Hoje, se eu tivesse de avaliar uma instituição de ensino, pensaria se as crianças e os jovens voltam dela com questões novas, debatendo no almoço familiar o que aprenderam, intrigados ou até espantados com os muitos mundos novos que descortinaram. Quase sempre, os alunos deixam a escola como apenados com um breve efeito de tolerância, livres para viverem a vida real em regime semiaberto, mas voltando no dia seguinte até cumprirem o tempo obrigatório da sentença. Depois de viver com o que gosta, esse aluno voltará aos seus catetos e hipotenusas, às suas capitanias hereditárias, aos seus anacolutos e catacreses e à linguagem passivo-agressiva que domina as salas. Moral da história: para o aluno, a escola, em determinado momento, teria sido um instrumento que facilitava a passagem do seu tempo, levando para casa um acúmulo de conhecimentos, sem qualquer pensamento crítico.

Amo escolas. Por isso, luto para que o sentido delas sobreviva. Tenho esperança de que nossa comunidade educacional desperte a tempo de transformar o sentido dos anos vividos ali. E você? Vê futuro para a sala de aula? Podemos explorar esse tema em uma roda de conversa de forma mais profunda, sem recorrer às etimologias passadas e contemporâneas.

Educar consiste hoje em uma transferência crítica de conhecimentos e saberes, úteis e necessários, desde que devidamente trabalhados conjuntamente com alunos e professores. Assim, sabe-se que no campo da Educação não basta operarmos com a instrução, que terá seu significado, se não soubermos enriquecê-la com a cultura, elementos que transcendem em muito a sala de aula, apenas um simples ponto físico.

A educação só valerá se a sociedade como um todo intervier: família, comunidade, clube de lazer, igreja e a escola, tendo o aluno como sujeito e objeto, como instituição, como componente desse processo ativo.

Tão ou mais importante que as disciplinas escolares, temos a convivência social com todas as suas influências e contribuições.

O mundo acadêmico tem discutido o significado e o poder da educação, pelos tempos afora, imprimindo a ideia da necessidade de monitorar as redes sociais em face da precocidade do uso delas pelas crianças e adolescentes, sem qualquer cuidado crítico. Por essas redes, os algoritmos fomentam as suas verdades sem qualquer contestação. Por elas se confundem os fatos reais com opiniões fortemente ideologizadas, marcadas pelo pêndulo maniqueísta, com um forte viés de demonização: "o que é diferente de mim, não presta, quem tem um pensamento contrário ao meu deve ser cancelado".

Isso pode nos impor uma mudança total de paradigma, olhando a educação como um fator de desconstrução dos estigmas de efeito predador.

Assim, a educação não se traduz em simples acúmulo de conhecimentos conteudistas. Ela se constitui em um fator de construção desse conhecimento. Alguém já defendeu a ideia de que saber é poder. Talvez. Depende de como se opera esse saber.

A CRISE NA GRÉCIA

Utilizando a mitologia grega, pode-se explicar a grave crise nesse país mais pobre da Europa, contudo rico culturalmente. Vamos ver a seguir como se pode visualizar o quadro da vida social da Grécia, à luz dos personagens da mitologia e de forma bem-humorada:

Zeus vende o trono a uma multinacional coreana.

Aquiles vai tratar o calcanhar na saúde pública.

Eros e Pan inauguram um prostíbulo.

Hércules suspende os 12 trabalhos por falta de pagamento.

Narciso vende os espelhos para pagar a dívida do cheque especial.

O Minotauro puxa carroça para ganhar a vida.

Acrópole é vendida e aí é inaugurada uma Igreja Universal do Reino de Zeus.

Eurozona rejeita Medusa como negociadora grega: "Ela tem minhocas na cabeça".

Sócrates inaugura o Cicuta's Bar para ganhar uns trocos.

Dionísio vende vinhos à beira da estrada de Marathónas.

Hermes entrega currículo para trabalhar nos correios. Especialidade: entrega rápida.

Afrodite aceita posar para a *Playboy*.

Sem dinheiro para pagar os salários, Zeus liberta as ninfas para trabalharem na Eurozona.

Ilha de Lesbos abre um resort hétero.

Para economizar energia, Diógenes apaga a lanterna.

Oráculo de Delfos apaga os números do orçamento e provoca pânico nas Bolsas.

Ares, deus da guerra, é agarrado em flagrante desviando armamento para a guerrilha síria.

A caverna de Platão abriga milhares de sem-abrigo.

Descoberto o porquê da crise: os economistas estão falando grego!!!

CONCEITO DE GLOBALIZAÇÃO

É a melhor definição que já li e os professores nunca ensinaram...

O QUE É GLOBALIZAÇÃO?

Pergunta: Qual é a mais correta definição de Globalização?

Resposta: A Morte da Princesa Diana...

Pergunta: Por quê?

Resposta:

Uma princesa inglesa com um namorado egípcio, tem um acidente de carro dentro de um túnel francês, num carro alemão com motor holandês, conduzido por um belga, bêbado de whisky escocês, que era seguido por *paparazzi* italianos, em motos japonesas.

A princesa foi tratada por um médico canadense, que usou medicamentos brasileiros.

E isto é enviado a você por um português, usando tecnologia americana (Bill Gates), e, provavelmente, você está lendo isso em um computador genérico que usa chips feitos em Taiwan, e um monitor coreano montado por trabalhadores de Bangladesh, numa fábrica de Singapura, transportado em caminhões conduzidos por indianos, roubados por indonésios, descarregados por pescadores sicilianos, reempacotados por mexicanos e, finalmente, vendido a você por chineses, através de uma conexão paraguaia. Isto é, caros amigos, *GLOBALIZAÇÃO!!!*.

CAPÍTULO 12

HISTÓRIAS FORA DA CURVA

ANTES E DEPOIS DA POSSE

ANTES DA POSSE

O nosso partido cumpre o que promete.

Só os tolos podem crer que não lutaremos contra a corrupção.

Porque se há algo certo para nós, é que a honestidade e a transparência são fundamentais.

Para alcançar os nossos ideais, mostraremos que é uma grande estupidez crer que as máfias continuarão no governo, como sempre.

Asseguramos sem dúvida que a justiça social será o alvo da nossa ação.

Apesar disso, há idiotas que imaginam que se possa governar com as manchas da velha política.

Quando assumirmos o poder, faremos tudo para que se termine com os marajás e as negociatas.

Não permitiremos de nenhum modo que as nossas crianças morram de fome.

Cumpriremos os nossos propósitos mesmo que os recursos econômicos do país se esgotem.

Exerceremos o poder até que compreendam que somos a nova política.

DEPOIS DA POSSE

Somos a nova política.

Compreendam que exerceremos o poder até que os recursos econômicos do país se esgotem.

Cumpriremos os nossos propósitos mesmo que as nossas crianças morram de fome.

Não permitiremos de nenhum modo que se termine com os marajás e as negociatas.

Quando assumirmos o poder, faremos tudo para que se possa governar com as manchas da velha política.

Apesar disso, há idiotas que imaginam que a justiça social será o alvo da nossa ação.

Asseguramos sem dúvida que as máfias continuarão no governo, como sempre.

Mostraremos que é uma grande estupidez crer que para alcançar os nossos ideais a honestidade e a transparência são fundamentais.

Porque se há algo certo para nós, é que não lutaremos contra a corrupção.

Só os tolos podem crer que o nosso partido cumpre o que promete.

Esta tem sido uma atitude universal.

APRENDA A NEGOCIAR

Jacob para seu filho: – Filho, eu quero que você se case com uma moça que eu escolhi.

O filho: – Mas, pai, eu quero escolher a minha mulher.

Jacob: – Meu filho, ela é filha do Bill Gates.

O filho: – Bem, neste caso eu aceito.

Então Jacob vai encontrar o Bill Gates. Jacob para o Bill Gates: – Bill, eu tenho o marido para sua filha.

Bill Gates: – Mas a minha filha é muito jovem para casar.

Jacob: – Mas esse jovem é vice-presidente do Banco Mundial.

Bill Gates: – Neste caso, tudo bem.

Finalmente Jacob vai ao Presidente do Banco Mundial. Jacob: – Sr. Presidente, eu tenho um jovem que é recomendado para ser vice-presidente do Banco Mundial.

Presidente: – Mas eu já tenho muitos vice-presidentes, inclusive mais do que o necessário. Jacob: – Mas, Sr., este jovem é genro do Bill Gates.

Presidente: – Neste caso, ele está contratado.

Moral da história, a alma do negócio é usar a moeda de troca mais alta que você tiver.

MEU SILÊNCIO É MELHOR QUE O SEU

O avião levantara voo havia mais de duas horas quando a mulher sentada ao meu lado me perguntou se poderia trocar de lugar comigo. Eu reservara uma cadeira junto ao corredor, porque gosto de me sentir livre para esticar as pernas. Trocar de lugar com ela significaria ficar entalado por mais oito horas. Num voo longo, é um pesadelo. Pior do que isso, só mesmo ficar entalado entre duas senhoras com bebês de colo. Disse-lhe que sim, sorrindo, pois sou o tipo de pessoa capaz de se deixar matar para não parecer indelicado; ou talvez seja apenas demasiado covarde para dizer que não.

Tenho horror a conflitos. A mulher não queria trocar de lugar por uma questão de comodidade; queria trocar de lugar para ficar mais longe do marido. Haviam começado a discutir ainda antes do avião levantar voo. Os dois se odiavam com o ódio formidável de quem já trocou juras de amor eterno.

É uma ingenuidade, na qual tropeço o tempo todo, acreditar que o ódio resulta da ignorância mútua. O verdadeiro ódio exige anos de amor e de profunda intimidade. A troca de lugar não serviu de muito. Decorridos três minutos, o homem debruçou-se sobre mim, como se eu não fosse uma pessoa, mas um estorvo: – Está sentindo minha falta? – perguntou à mulher. Ela enfiou o rosto na revista de bordo, fingindo-se surda. – Pode ficar calada – disse o homem. – Meu silêncio é melhor que o seu.

Calaram-se, ambos, por mais três minutos. Então, foi a vez de a mulher se debruçar sobre mim – o estorvo – e disparar na direção do marido: – Você me faz mal, me envelhece, me faz uma pessoa amarga e pessimista. Você me tira toda a luz. – É mútuo – disse o homem, levando a mão direita à cabeça. – Está vendo esses cabelos brancos? É por sua causa. Além desta dor nas costas, que me está matando.

Antes de você aparecer eu nunca tinha tido dores nas costas… – Antes, você era jovem – zombou a mulher. Coloquei os fones nos ouvidos. Escolhi um álbum do percussionista nigeriano Babatunde Olatunji. Mesmo assim, continuei a ouvir, ainda que abafada pela intensa batucada de Babatunde, a rouca troca de queixas do casal. Também a mim já me doíam as costas. Pedi licença à mulher e saí para o corredor.

Caminhei até a cauda do avião. Um sujeito gordo cortou-me o caminho. Disse que se lembrava muito bem de mim. Estudáramos juntos numa escola em Londres. Nunca estudei em Londres. Ele, todavia, assegurou-me que sim, contando histórias divertidas daquela época. Quando, finalmente, regressei à minha fila, a mulher reocupara o lugar original. Uma outra senhora, cansada da discussão, decidira intervir: – Por que não se separam? – perguntou, num tom de voz glacial. O casal não se mostrou ofendido com a pergunta. "Por vezes, o ódio é o amor possível", retorquiu o homem, muito sério. "Por vezes, só o ódio sustenta um casamento".

Horas depois, o comandante anunciou a chegada, no horário previsto, pedindo aos passageiros para apertarem os cintos. Por essa altura já a mulher adormecera, com a cabeça encostada ao ombro do marido. Eram a imagem perfeita de um casal feliz.

APOSTILAS E BOLETOS

O velho professor de literatura separou um trecho do Padre Vieira para a apostila do ensino médio. Abriu as obras escolhidas a esmo e esbarrou no Sermão do Bom Ladrão, pregado em 1655. Não seria possível fazer os alunos lerem toda a peça barroca. Ele selecionou apenas um parágrafo e colocou no arquivo. "Suponho finalmente que os ladrões de que falo não são aqueles miseráveis a quem a pobreza e vileza de sua fortuna condenou a este gênero de vida, porque a mesma, sua miséria ou escusa ou alivia o seu pecado, como diz Salomão [...] O ladrão que furta para comer não vai nem leva ao inferno; os que não só vão, mas levam, de que eu trato, são outros ladrões, de maior calibre e de mais alta esfera, os quais debaixo do mesmo nome e do mesmo predicamento, distingue muito bem S. Basílio Magno [...] Não são só ladrões, diz o santo, os que cortam bolsas ou espreitam os que se vão banhar, para lhes colher a roupa: os ladrões que mais própria e dignamente merecem esse título são aqueles a quem os reis encomendam os exércitos e legiões, ou o governo das províncias, ou a administração das cidades, os quais já com manhã, já com força, roubam e despojam os povos. – Os outros ladrões roubam um homem: estes roubam cidades e reinos; os outros furtam debaixo do seu risco: estes sem temor nem perigo; os outros, se furtam, são enforcados: estes furtam e enforcam. Diógenes, que tudo via com mais aguda vista que os outros homens, viu que uma grande tropa de varas e ministros de justiça levavam a enforcar uns ladrões e começou a bradar: – Lá vão os ladrões grandes a enforcar os pequenos […]".

A coordenadora viu o arquivo e sugeriu que fosse encurtado. Era muito longo e difícil. O velho professor já tinha ajustado as citações em latim. Cortou mais, eliminou nomes, diminuiu. A mesma coordenadora pediu que ele fizesse uma síntese, antes do trecho, para facilitar aos alunos. O velho professor suspirou e, por ter boletos, cumpriu o pedido. O novo texto apresentava uma citação de apenas cinco linhas de Vieira. Antes, aparecia a explicação: "O pregador jesuíta distingue dois tipos de ladrão: os que roubam para obter algo para si, agindo por causa da sua pobreza, e aqueles que, protegidos pelo manto do Estado, roubam cidades e reinos inteiros. Estes últimos seriam os piores. Para isso, cita Salomão, São Basílio Magno e Diógenes". A coordenadora leu e disse que não precisava citar os autores, como Diógenes. "Quem sabe este nome? E… Diógenes não cai no Enem". O velho educador cortou do sermão e do resumo o filósofo. Aproveitou e diminuiu ainda mais a apresentação. "Padre Vieira diz que há dois tipos de ladrão: o que rouba em pequenas quantidades e o que rouba por ser administrador e político. O segundo tipo é o pior". A coordenadora bradou: "O senhor está louco? Temos filhos de deputados na escola. O cunhado do prefeito é o diretor. Vão dizer que estamos mandando indiretas. Existe muita vigilância sobre nosso trabalho". Ela disse ainda: "Como podemos ensinar Vieira, sem perturbar nossos alunos e os pais?". Era um desafio. O professor, velho e com boletos, pediu um dia para reelaborar o material. Dedicou algum tempo em casa e, na manhã seguinte, trouxe a versão definitiva. A apostila veio assim: "Barroco: Padre Antônio Vieira. Português. Pregava sermões. Exemplo: O Bom Ladrão. Síntese: roubar é errado". A coordenadora leu o texto e iluminou-se com um sorriso: "Muito melhor! Os alunos entenderão, o conteúdo está correto, transmite nossos valores pedagógicos e não surgirão protestos. Meus parabéns!". O mestre olhou de forma melancólica. Tinha conseguido manter o emprego. Pensou em uma prova de escolha simples para a avaliação: "Quem foi o grande nome do Barroco colonial? a) Padre Marcelo Rossi; b) Padre Zezinho; c) Padre Júlio Lancellotti; d) Padre Fábio de Melo; e) Padre Antônio Vieira". Refletiu mais. Alguns pais reclamariam do nome do Padre Lancellotti. Substituiria por c) Jojô Todynho. Mas... e se alguém pensasse que ele estava sendo debochado por incluir Jojô? Seria então melhor colocar Padre Antônio Maria ou Padre Feijó, mas o professor de história poderia acusá-lo de interferência em seara alheia. Seria Padre Antônio Maria mesmo. Precisava de uma questão dissertativa. Era norma da escola. Criou mentalmente a prova, perguntando: "Diga, com suas palavras, por quais motivos roubar é errado". Aceitaria todas as respostas. Debateria com os alunos, entretanto todos estariam certos. Pensou nos boletos, mais uma vez. Pela noite, beijou a esposa e sonhou. Jesus, na cruz, absolvia Dimas, o bom ladrão: "Ainda hoje estarás comigo no Paraíso". Depois, olhava com raiva para a outra cruz e recriminava o condenado nela: era ele, o velho professor, que se tornara o mau ladrão. No Calvário, irritados, Maria, João, Madalena e o Padre Vieira amaldiçoavam o literato crucificado. Que pesadelo! No dia seguinte, foi dar aula. Tinha contra si Jesus e Vieira, mas estava salvando seus boletos, graças àquele resumo. Sorriu, com esperança renovada no código de barras de cada conta pendente. "Judas precisou de 30 moedas apenas... queria ver o Iscariotes pagar água e luz todo mês para sempre".

Adaptado do colunista e filósofo Leandro Carnal.

CARTA DE UM MARIDO À ESPOSA DE FÉRIAS

Querida:

Muito obrigado pela tua linda e carinhosa carta.

Podes ter a certeza de que eu sei tratar de mim, por isso, não te preocupes comigo.

Durante a tua ausência, não se tem passado nada de especial cá em casa.

Enquanto estás fora, tenho preparado o meu próprio almoço, e todos os dias me espanto de como tudo tem saído bem!…

Já que estou sempre com pressa, ontem decidi fazer batatas fritas.

Já agora, diz-me uma coisa: era preciso descascar as batatas?

Enquanto estavam a fritar, aproveitei para ir buscar uns brioches à padaria.

Quando voltei, o esmalte da frigideira tinha derretido.

Nunca pensei que o estupor da frigideira aguentasse tão pouco.

E tu que me dizias que o Teflon aguentava tudo e mais alguma coisa!

Já consegui tirar toda a fuligem da cozinha, mas o nosso gato Fred é que ficou preto que nem um tição, e agora tosse o dia inteiro. Desde esse dia entra em pânico e foge quando mexo nas panelas ou abro o bico do fogão.

Já que pelo menos uma vez por dia preciso de uma refeição mais elaborada, quando estou a fazê-la, o Fred foge e só aparece passadas umas horas…

Diz-me outra coisa: quanto tempo é que é preciso para cozer os ovos?

Eu já os pus a ferver há duas horas, mesmo assim, continuam duros que nem uma pedra!

Também queria que me dissesses se pode aproveitar leite queimado.

Queres que o guarde na despensa até tu voltares?

Na semana passada tive um pequeno contratempo ao cozinhar umas ervilhas.

Vou te contar: agarrei numa lata e decidi aquecê-la.

Mas, infelizmente, explodiu dentro do micro-ondas.

A porta do micro-ondas foi projetada para fora da cozinha e foi dar contra a nossa pequena estufa de inverno, que, claro, ficou partida, assim como a janela.

Como a janela estava fechada (preciso de a fechar antes de começar a cozinhar, senão os bombeiros aparecem outra vez), a porta do micro-ondas arrancou-a também, tal foi a força.

Por sua vez, a lata de ervilhas, parecia um foguete a levantar voo!...

Atravessou o teto e foi bater na filha do Freitas, o nosso vizinho de cima.

Parece-me que ela ficou bem.

Outra coisa: já te aconteceu a louça suja ficar com mofo?

Como é que isto se pode dar em tão pouco tempo?

Afinal, tu foste de férias no mês passado, mas parece que foi ontem!

Aliás, atrás do lava-louças há montes de bichos; daqui a pouco até vai dar para fazer um documentário e vendê-lo ao National Geographic.

De onde é que saíram tantos bichos cheios de pernas?

Puseste alguma coisa que não devias lá atrás?

Bom, isto acabou por fazer com que eu tomasse uma atitude e lavasse a louça.

Por favor, não me insultes, meu amor, mas aquele lindo serviço de jantar de porcelana da tua avó já era.

Eu realmente não contava com isso, afinal de contas parecia tão robusto e sólido!

Bom, talvez eu tenha exagerado um bocadinho ao pôr o lava-louças no "programa completo com centrifugação".

Aliás, a máquina de lavar roupa também se escangalhou.

A faca de aço temperado que eu pus lá dentro, sem querer, estragou o cilindro durante a centrifugação, porque ficou presa na parede interna.

Quanto ao cilindro, atravessou a parede de tijolos, fazendo um pequeno buraco, e foi aterrar no jardim.

Durante um dos almoços, sujei a carpete persa com molho de tomate.

Sempre me disseste que as manchas do molho de tomate são impossíveis de tirar.

Ficas a saber, meu amor, que com um bocadinho de aguarrás, sai tudo, mas mesmo tudo, inclusivamente a lã e a seda da carpete.

O frigorífico estava a fazer muito gelo, por isso tive que o descongelar.

Tenho que te ensinar uma coisa: o gelo sai facilmente se o raspares com uma espátula de pedreiro!

Só não sei é por que é que agora passou a aquecer...

O iogurte, a água com gás e o champanhe explodiram.

Sabes, querida, na passada quinta-feira, esqueci-me de, ao sair, fechar à chave a porta de casa.

Alguém deve ter entrado, porque faltam algumas coisas de valor, entre elas aquele colar de marfim que o teu bisavô trouxe da expedição à África, no século XIX.

Mas, como tu costumas dizer, o dinheiro não dá felicidade, e tudo o que é material, é efêmero.

O teu guarda-vestidos também está vazio, mas penso que não devem ter levado muita coisa, já que, sempre que saímos, tu dizes que não tens nada que vestir.

Bom, vou ficar por aqui, mas amanhã conto-te mais coisas!

Espero que te descontraias bastante no SPA e que gozes muito o teu descanso.

Beijos mil, com muito amor, do teu Afonso, que muito te ama!!!

P.S.: A tua mãe veio cá ver como estavam as coisas, e teve um enfarte.

O velório foi ontem à tarde, mas eu preferi não te contar nada para não te estragar as férias e aborrecer-te desnecessariamente.

Afinal de contas, tens que aproveitar as tuas férias e voltares muito descontraída do teu SPA.

Beijos do teu dedicado marido.

CARTILHA PARA ENTENDER AS EXPRESSÕES FEMININAS

A aplicação dessa cartilha é fatal para os homens. Risos. Que medo! Precisamos nos defender dessas mulheres ardilosas armadas!

1 - "Certo": esta é a palavra que as mulheres usam para encerrar uma discussão quando elas estão certas e você precisa se calar.

2 - "Cinco minutos": se ela está se arrumando, significa meia hora. "Cinco minutos" só são cinco minutos se esse for o prazo que ela te deu para ver o futebol antes de ajudar nas tarefas domésticas.

3 - "Nada": esta é a calmaria antes da tempestade. Significa que ALGO está acontecendo e que você deve ficar atento. Discussões que começam em "Nada" normalmente terminam em "Certo".

4 - "Você que sabe": é um desafio, não uma permissão. Ela está lhe desafiando, e nessa hora você tem que saber o que ela quer... e não diga que também não sabe!

5 - Suspiro ALTO: não é realmente uma palavra, é uma declaração não verbal que frequentemente confunde os homens. Um suspiro alto significa que ela pensa que você é um idiota e que ela está imaginando por que ela está perdendo tempo parada ali discutindo com você sobre "Nada".

6 - "Tudo bem": uma das mais perigosas expressões ditas por uma mulher. "Tudo bem" significa que ela quer pensar muito bem antes de decidir como e quando você vai pagar por sua mancada.

7 - "Obrigada": uma mulher está agradecendo, não questione, nem desmaie. Apenas diga "por nada". (Uma colocação pessoal: é verdade, a menos que ela diga "MUITO obrigada" – isso é PURO SARCASMO e ela não está agradecendo por coisa nenhuma. Nesse caso, NÃO diga "por nada". Isso apenas provocará o "Esquece").

8 - "Esquece": é uma mulher dizendo "FODA-SE!!"

9 - "Deixa para lá, eu resolvo": outra expressão perigosa, significando que uma mulher disse várias vezes para um homem fazer algo, mas agora está fazendo ela mesma. Isso resultará no homem perguntando "o que aconteceu?". Para a resposta da mulher, consulte o item 3.

10 - "Precisamos conversar!": fodeu!! Você está a 30 segundos de levar um pé na bunda.

11 - "Sabe, eu estive pensando…": esta expressão pode até parecer inofensiva, mas usualmente precede a chegada dos Quatro Cavaleiros do Apocalipse…

CONSELHO COMPETENTE DADO A UMA MULHER

Caro Antônio Roberto: Peguei meu carro e saí para trabalhar, deixando meu marido em casa vendo televisão, como sempre. Rodei pouco mais de 1km quando o motor morreu e o carro parou. Voltei para casa, para pedir ajuda ao meu marido. Quando cheguei, nem pude acreditar, ele estava no quarto, com a filha da vizinha! Eu tenho 32 anos; meu marido, 34; e a garota, 22. Estamos casados há 10 anos, ele confessou que eles estavam tendo um caso há 6 meses. Eu o amo muito e estou desesperada. Você pode me ajudar?

Antecipadamente grata.
Patrícia

RESPOSTA
Cara Patrícia,

Quando um carro para, depois de haver percorrido uma pequena distância, isso pode ter ocorrido devido a uma série de fatores. Comece por verificar se tem gasolina no tanque. Depois veja se o filtro de gasolina não está entupido. Verifique também se tem algum problema com a injeção eletrônica. Se nada disso resolver o problema, pode ser que a própria bomba de gasolina esteja com defeito, não proporcionando quantidade ou pressão suficiente nos injetores. A pessoa ideal para ajudá-la seria um mecânico. Você jamais deveria voltar em casa para chamar seu marido. Ele não é mecânico. Você está errada. Não repita mais isso.

Espero ter ajudado.
Antônio Roberto

DIÁLOGO GRAMATICAL

Era a terceira vez que aquele substantivo e aquele artigo se encontravam no elevador. Um substantivo masculino, com um aspecto plural, com alguns anos bem vividos pelas preposições da vida. E o artigo era bem definido, feminino, singular: era ainda novinha, mas com um maravilhoso predicado nominal. Era ingênua, silábica, um pouco átona, até ao contrário dele: um sujeito oculto, com todos os vícios de linguagem, fanático por leituras e filmes ortográficos.

O substantivo gostou dessa situação: os dois sozinhos, num lugar sem ninguém ver e ouvir. E sem perder essa oportunidade, começou a se insinuar, a perguntar, a conversar. O artigo feminino deixou as reticências de lado, e permitiu esse pequeno índice. De repente, o elevador para, só com os dois lá dentro: ótimo, pensou o substantivo, mais um bom motivo para provocar alguns sinônimos.

Pouco tempo depois, já estavam bem entre parênteses, quando o elevador recomeça a se movimentar: só que em vez de descer, sobe e para justamente no andar do substantivo. Ele usou de toda a sua flexão verbal, e entrou com ela em seu aposto. Ligou o fonema, e ficaram alguns instantes em silêncio, ouvindo uma fonética clássica, bem suave e gostosa.

Prepararam uma sintaxe dupla para ele e um hiato com gelo para ela. Ficaram conversando, sentados num vocativo, quando ele começou outra vez a se insinuar. Ela foi deixando, ele foi usando seu forte adjunto adverbial, e rapidamente chegaram a um imperativo, todos os vocábulos diziam que iriam terminar num transitivo direto.

Começaram a se aproximar, ela tremendo de vocabulário, e ele sentindo seu ditongo crescente: se abraçaram, numa pontuação tão minúscula, que nem um período simples passaria entre os dois. Estavam nessa ênclise quando ela confessou que ainda era vírgula; ele não perdeu o ritmo e sugeriu uma ou outra soletrada em seu apóstrofo.

É claro que ela se deixou levar por essas palavras, estava totalmente oxítona às vontades dele, e foram para o comum de dois gêneros. Ela totalmente voz passiva, ele voz ativa. Entre beijos, carícias, parônimos e substantivos, ele foi avançando cada vez mais: ficaram uns minutos nessa próclise, e ele, com todo o seu predicativo do objeto, ia tomando conta.

Estavam na posição de primeira e segunda pessoa do singular, ela era um perfeito agente da passiva, ele todo paroxítono, sentindo o pronome do seu grande travessão forçando aquele hífen ainda singular.

Nisso a porta abriu repentinamente. Era o verbo auxiliar do edifício. Ele tinha percebido tudo, e entrou dando conjunções e adjetivos nos dois, que se encolheram gramaticalmente, cheios de preposições, locuções e exclamativas. Mas ao ver aquele corpo jovem, numa acentuação tônica, ou melhor, subtônica, o verbo auxiliar diminuiu seus advérbios e declarou o seu particípio na história.

Os dois se olharam, e viram que isso era melhor do que uma metáfora por todo o edifício. O verbo auxiliar se entusiasmou e mostrou o seu adjunto adnominal. Que loucura, minha gente. Aquilo não era nem comparativo: era um superlativo absoluto.

Foi se aproximando dos dois, com aquela coisa maiúscula, com aquele predicativo do sujeito apontado para seus objetos. Foi chegando cada vez mais perto, comparando o ditongo do substantivo ao seu tritongo, propondo claramente uma mesóclise atroz. Só que as condições eram estas: enquanto abusava de um ditongo nasal, penetraria ao gerúndio do substantivo, e culminaria com um complemento verbal no artigo feminino. O substantivo, vendo que poderia se transformar num artigo indefinido depois dessa, pensando em seu infinitivo, resolveu colocar um ponto final na história: agarrou o verbo auxiliar pelo seu conectivo, jogou-o pela janela e voltou ao seu trema, cada vez mais fiel à língua portuguesa, com o artigo feminino colocado em conjunção coordenativa conclusiva.

CAPÍTULO 13

FIM DO TRAJETO

AQUELE APARTAMENTO

No alto de um corpo de pedra, dois corpos se fundem em um só vulto, se deitam, se amam, se deixam em abandono! Se falam, sussurram coisas inimagináveis! Corpos suados desnudos, despidos de culpas, sem qualquer pudor! No estonteante calor, emergem sem culpa, os gozos do amor, na trilha da sedução, se beijam, se mordem com ânsia animal! No soalho frio, a razão e os sentidos se digladiam até à batalha final! Se tocam, se calam, impõe-se um inquietante silêncio mortal! Emerge um vazio, um gelo no recôndito de mim mesmo, se instala o redemoinho de um sentimento inexplicável. Antes, a dúvida, depois, o calor sedutor, o contato com volúpia abrasadora, um quê de irracional. No canto do quarto do apartamento, lençóis molhados, revolvidos, prova da quebra do encanto de um mero programa! Se faz mais forte a saudade! Amor, volta amanhã.

CAMINHEIROS

Já fomos Sol e Lua, como Francisco e Clara; já perdoamos e pecamos, como Jesus e Madalena; já naufragamos, como navegantes do *Titanic*! Já destruímos um reino, como Páris e Helena!!!

Já fomos deuses, como Afrodite e Apolo; já superamos labirintos, como Ariadne e Teseu; já nos desencontramos, como Dalila e Sansão; já nos procuramos, como Marília e Dirceu!!!

Já fomos traídos, como Hamlet e Ofélia; já nos suicidamos, como Romeu e Julieta; já tivemos dúvidas, como Tristão e Isolda; já perdemos as cabeças, como Luís XVI e Maria Antonieta!!!

Já fomos poderosos, como Ártemis e Hércules; já nos amamos, como Makêda e Salomão; já nos desejamos, como Cleópatra e Marco Antônio; já nos expulsaram, como Eva e Adão!!!

Já fomos autores de dramas e de comédias; já nos chamaram de sábios e de imprudentes; já oramos em guerras santas e em missas diabólicas; já crucificamos tantas pessoas inocentes!!!

Já fomos navegadores de águas calmas e de mares turbulentos; já provamos das fontes da alegria e da dor; já atravessamos estradas escuras e sinuosas, sempre em busca de caminhos menos tortuosos! Já percorremos trajetos em busca daquilo a que chamam de felicidade, sem que nunca a encontrássemos! Agora, abrimos caminhos, voltando ao ponto de partida; por ele, localizaremos nosso rumo!

O PAR DE SAPATOS

Esta história pode ter acontecido em algum lugar, onde duas crianças interagem solidariamente. É uma história atemporal, a ser escrita repetidamente por cada um de nós, no dia a dia.

Numa calçada pessoas caminham em direções contrárias.

Uma criança de calça jeans com a perna esquerda dobrada, usa chinelo de dedo, a tira do pé direito da sandália arrebenta, sai do buraco.

A criança abaixa-se para pegar o chinelo, papéis dobrados caem na frente, ela abaixa-se e pega-os. Caminha e senta-se numa pedra encostada na parede. Está de blusa azul rasgada no ombro. Ela avista uma outra.

Pessoas com grandes bolsas passam na sua frente. Ele tenta consertar o chinelo, experimenta no pé, torna a pegar, empurra a tira no buraco do chinelo, torna a experimentar. Torce o chinelo de um lado para o outro, puxa com as mãos, vendo que não conseguiu colocar a tira no buraco, entre os dedos, joga o chinelo ao ar e para de tentar consertá-lo.

Olha para o lado, admirando uma outra criança de bermuda azul, meias brancas e sapatos pretos que caminha com um homem.

A outra criança usava sapatos pretos. Ela para e os limpa com um lenço branco.

O homem que o acompanha pega o menino pelo braço e o leva.

Eles passam pelo menino sentado na pedra, que os acompanha com o olhar.

O menino de sapatos pretos está de camisa xadrez vermelha e azul, bermuda azul e bolsa preta a tiracolo.

Caminha em direção a um banco de madeira, senta-se entre dois adultos.

O menino descalço sorri, olhando os sapatos pretos do outro menino; olha para o chinelo arrebentado e para de sorrir.

O menino sentado no banco, limpa os sapatos com o lenço branco.

Um sino verde pendurado toca; um relógio na parede amarela está marcando 12 horas.

Um trem azul, com listas pretas e amarelas à frente, se aproxima; as pessoas se levantam e dirigem-se para o trem.

O menino de sapatos pretos abaixa-se para limpar os sapatos. O homem volta para buscá-lo.

As pessoas com malas se aglomeram para entrar no trem.

O homem empurra o menino de sapatos pretos para entrar no trem, ele entra e um pé do sapato sai e cai na plataforma.

O sinal toca; abaixa do poste uma cancela e o trem parte.

O menino descalço olha e vê o sapato que ficou na estação e corre para pegá-lo.

Pega o sapato e o olha por fora e por dentro;

Corre na estação atrás do trem que segue devagar.

Dentro do trem, segurando na porta o menino estica a mão direita para alcançar o sapato da mão do menino descalço.

O trem aumenta a velocidade, o menino descalço continua correndo em direção ao trem com a mão esticada segurando o sapato.

Vê o trem se afastar e joga o sapato em direção ao menino que está na porta do trem. O sapato bate no trem e cai na plataforma.

O menino descalço levanta os braços ao ver que não conseguiu entregar o sapato.

O menino segurando o ferro da porta, abaixa-se e tira do pé o outro sapato e joga-o na plataforma em direção ao menino descalço.

O menino descalço pega o sapato que acabou de cair. O menino que está no trem acena para o menino da plataforma, que sorri e acena para o menino do trem. O trem se afasta.

Um teatro com a plateia cheia. No palco um telão que exibia esta história. A plateia aplaude.

DESPEDIDA DERRADEIRA

Aprender a se despedir do que nos impede de avançar é essencial. O desafio não está no passado, mas no nosso apego a ele, na persistente recordação de dores, fruto de desapontamentos, perdas e na resistência em aceitar o que vivemos.

A chave para a libertação é extrair o melhor do passado, sem permanecer nele. Todos temos memórias que recusamos relembrar e outras que gostosamente gostaríamos de resgatar e recordar sempre.

A verdade é que nosso passado nunca seguirá o roteiro desejado. A vida não segue um *script*, e isso a torna mágica, mesmo com todos os obstáculos. Nem tudo ocorre como planejamos, e isso nos permite viver e crescer através de experiências inesperadas.

Enquanto não liberarmos internamente o que já se foi externamente, não conseguiremos avançar para algo melhor. Dizer adeus ao passado é fazer as pazes com ele, soltar o que machuca e abraçar as lições que nos fazem crescer. Que nosso mantra seja: "Eu libero meu passado e me liberto de todos os apegos a situações que já se concluíram em minha vida. Faço uma avaliação diária e percebo como gratificante tudo o que vivi".

Fazendo um balanço dessa minha trajetória de vida, posso registrar que: tentei, sofri, me reergui, aprendi, amei, cresci, amadureci, fiz valer meu querer, ganhei, perdi, agora estou pronto para jogar, deixar ir em paz cada experiência e cada pessoa que cruzou meu caminho. Absorvi as lições necessárias. Estou focado no presente e aberto à descoberta do novo, com suas infinitas possibilidades de satisfação interior e crescimento pleno.

Assim seja! Amém!